O
MEU
MAIOR
PRAZER

Livros de Dutch Sheets pela EDILAN

Oração Intercessória

O Poder da Oração Intercessória

O Meu Maior Prazer

DUTCH SHEETS

O MEU MAIOR PRAZER

UMA JORNADA À AMIZADE ÍNTIMA COM DEUS

LAN EDITORA

Rio de Janeiro, 2014
www.edilan.com.br

O Meu Maior Prazer
© 2014 Editora Luz às Nações

Coordenação Editorial | Equipe Edilan
Tradução e revisão | Idiomas & Cia

Originalmente publicado nos Estados Unidos com o título *The Pleasure of His Company*, de Dutch Sheets, por Bethany House, uma divisão de Baker Publishing Group, Grand Rapids, Michigan, 49516, Estados Unidos.

Copyright © 2014 por Dutch Sheets, todos os direitos reservados. Publicado no Brasil pela Editora Luz às Nações, Rua Rancharia, 62, parte — Itanhangá — Rio de Janeiro, Brasil CEP: 22753-070. Tel. (21) 2490-2551. 1.ª edição brasileira: agosto de 2014. Todos os direitos reservados.

Salvo indicação em contrário, todas as citações bíblicas foram extraídas da Bíblia Sagrada Nova Versão Internacional (NVI), Editora Vida. As outras versões utilizadas foram: Almeida Corrigida e Revisada Fiel (ACF), SBB; Almeida Atualizada (AA), SBB; Almeida Revista e Atualizada (ARA), SBB e NTLH (Nova Tradução da Linguagem de Hoje), SBB.

Por favor, note que o estilo editorial da Edilan inicia com letra maiúscula alguns pronomes na Bíblia que se referem ao Pai, ao Filho e ao Espírito Santo, e pode diferir do estilo editorial de outras editoras. Observe que o nome "satanás" e outros relacionados não iniciam com letra maiúscula. Escolhemos não reconhecê-lo, inclusive a ponto de violar as regras gramaticais.

CIP-BRASIL. CATALOGAÇÃO NA PUBLICAÇÃO
SINDICATO NACIONAL DOS EDITORES DE LIVROS, RJ

S545m

Sheets, Dutch, 1954-
    O meu maior prazer : uma jornada à amizade íntima com Deus / Dutch Sheets, -1. ed. - Rio de Janeiro : LAN, 2014
    240 p. : il. ; 23 cm.

Tradução de: The pleasure of his company
Inclui bibliografia e índice
ISBN 978-85-99858-66-0

1. Oração - Cristianismo. 2. Deus. I. Título.

14-14285   CDD: 248.32
                                CDU: 27-534-2

22/07/2014   25/07/2014

Este livro é dedicado à memória de minha mãe,

Mary Lou Doebler,

que me ensinou a viver com propósito,
a amar incondicionalmente e a morrer com dignidade.
Ela fez a travessia para o prazer ininterrupto da
companhia Dele enquanto eu terminava este livro.

A grande nuvem de testemunhas
acaba de se tornar maior.

Sumário

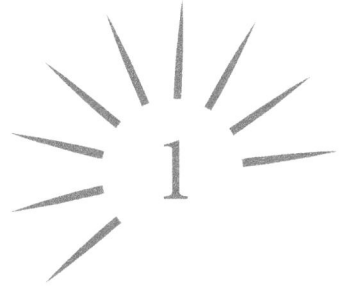

A PESSOA

PRAZER.

Essa palavra nos traz à mente muitas imagens e pensamentos diferentes. Para muitos pode ser um jantar sofisticado à luz de velas com alguém a quem se ama. Férias relaxantes no Havaí certamente se qualificariam como tal para a maioria das pessoas. Para os aficionados por esporte, assistir a um grande jogo de futebol em um dia perfeito de outono é a melhor opção. E para os que gostam de se bronzear, não há nada como um dia na praia. Para mim, caminhar no bosque acalma a minha alma e desperta a criatividade.

A lista pode ser quase interminável, pois assim como a beleza está nos olhos de quem vê, o prazer está no coração daquele que o experimenta. Para a minha esposa, Ceci, um sanduíche de tomate e maionese é um dos prazeres simples da vida — considerado uma delícia por pessoas do Sul dos Estados Unidos — mas é uma ofensa ao meu paladar mais exigente. Para Ceci e minha filha Hannah, uma noite agradável diante da TV é assistir a uma maratona da série *NCIS*. Considero esse programa uma distração bastante razoável, mas, falando sério, quem em seu juízo perfeito o escolheria em vez de programas como *Caçadores de Relíquias ou Mergulhados no Pântano?*[1] Não há dúvida nenhuma de que os gostos variam, e o que gera prazer é altamente subjetivo.

O prazer não é apenas determinado pelas coisas que fazemos, mas também pela companhia que desfrutamos. Pessoalmente, prefiro comer um sanduíche de tomate com maionese com minha esposa (não diga a ela que eu disse isso!) a saborear um filé-mignon com determinadas pessoas. Na verdade, preferiria fazer um tratamento dentário de canal a passar uma noite com algumas delas.

Uma série de comerciais de televisão dos Estados Unidos apresenta como seu porta-voz "o homem mais interessante do mundo". O narrador do comercial passa a descrever as habilidades do homem, tão geniais que chegam a ser ridículas e engraçadas, inspirando fãs a colecionar e postá-las na internet. Essas sátiras que apresentam as situações vividas pelo homem são inteligentes, mas, é claro, são tão impossíveis que homem algum jamais poderia realizá-las.

Embora essa seja uma afirmação ultrajante quando relacionada a simples mortais, de fato existe alguém que pode ser identificado como o homem mais interessante do mundo. Ele não apenas é o indivíduo mais importante da Terra, como também do Céu. Yahweh é o Seu nome. Seu Filho, Jesus, é exatamente como Ele e, por essa razão, Yahweh enviou o Seu Filho à Terra para demonstrar a Sua verdadeira natureza e características. Jesus afirmava: *"Quem Me vê, vê o Pai"*. E o que Ele revelou à família humana acerca da natureza de Deus? Mais do que este livro pode relatar. Nem mesmo os escritores dos evangelhos puderam apresentar essa revelação por completo. Um dos seguidores mais próximos de Cristo declarou: *"Jesus fez também muitas outras coisas. Se cada uma delas fosse escrita, penso que nem mesmo no mundo inteiro haveria espaço suficiente para os livros que seriam escritos"* (Jo 21:25).

As palavras certamente são inadequadas para descrever os atributos, as habilidades, o intelecto e as realizações de Cristo. Ele foi, e é, extasiante e ao mesmo tempo tranquilizador, totalmente poderoso e também sensível, insondavelmente sábio embora humilde, capaz de inspirar um temor reverente e ao mesmo tempo ser completamente acessível. A perfeição O define, o fascínio O cerca, e a eternidade está Nele. Ele é amor ilimitado, alegria eterna e o Príncipe da Paz. Paradoxos são necessários para descrevê-Lo, afinal Ele é Deus-homem, tanto humano quanto divino. Incrivelmente, Ele é o Ancião de Dias, é eternamente novo e existe em um agora perpétuo. Sua natureza contradiz cada lei natural do tempo, do espaço e da física. Ele é o paradoxo de todos os paradoxos, porém Nele não há duplicidade ou incoerência. Quando um líder famoso chamado Moisés perguntou-Lhe o Seu nome, Ele disse simplesmente: *"EU SOU"*. Seja o que for que você precise, EU SOU é. Faltam palavras.

Jovens e idosos, homens e mulheres, ricos e pobres, morais e imorais — todos acharam Jesus muito interessante. Ele possuía tanto magnetismo e tinha uma personalidade tão agradável que as crianças O amavam e confiavam Nele. Ele era tão genuíno e atencioso de coração que mulheres imorais confessavam a Ele seus passados sórdidos e dolorosos. Em certa ocasião, uma prostituta envergonhada encontrou libertação, purificação, autoestima e propósito enquanto lavava os pés de Cristo com suas lágrimas. Ele tinha uma masculinidade tão poderosa e era tão multiforme em Seus dons que tanto homens de negócios intelectuais quanto pescadores brutos e simples deixaram suas carreiras diante de Seu simples convite: *"Sigam-Me"*.

Homens crescidos se prostraram diante de Jesus em adoração, e um óleo de unção no valor de milhares de dólares foi derramado sobre Seus pés. Uma multidão de homens, mulheres e crianças — sim, crianças — sentou-se durante *dias* seguidos ouvindo-O ensinar. As famílias amavam recebê-Lo em suas casas, os homens gostavam de caminhar e acampar com Ele e os estudiosos apreciavam explorar Suas ideias — quando Ele tinha apenas doze anos! Muitos mais livros foram escritos a respeito Dele do que qualquer ser humano, e as pessoas sentam-se por horas escrevendo canções sobre Ele.

Minha breve lista mal arranha a superfície. Pense no seguinte:

- Um peixe foi até Ele com a boca cheia de dinheiro.
- Tempestades obedeciam às Suas ordens.
- Sua saliva curava olhos cegos e Seu toque curava a lepra.
- Ele andava *sobre* as águas... e *atravessava* paredes!
- Ele transformou água em vinho e multiplicou em milhares alguns peixes e pães.
- Ele ressuscitou os mortos.
- A insanidade fugia Dele e os demônios também.
- Fogo vai adiante Dele e consome os Seus inimigos.
- Quando Ele morreu, o sol se recusou a brilhar e a terra tremeu.
- A morte, porém, não pôde detê-Lo, e Sua ressurreição foi tão poderosa que se derramou sobre outros mortos, ressuscitando-os!
- Seus olhos são como fogo; Sua voz é como uma cachoeira.
- Anjos O adoram; governantes lançam suas coroas a Seus pés.
- Ele criou tudo... apenas com Suas palavras.
- Ele mantém o universo funcionando em perfeita ordem... sim, apenas com Suas palavras.

Reflita sobre a grandiosidade das duas últimas afirmações dessa lista diante dos seguintes fatos impactantes. A menos que você seja um astrônomo brilhante, provavelmente não conseguirá captar todo o sentido destes fatos. Não há problema; ficar de boca aberta por causa deles é o bastante.

Comece com o nosso sistema solar. Na velocidade da luz, a 300 mil quilômetros por segundo, a luz do sol leva oito minutos para chegar à Terra. Essa mesma luz leva mais cinco horas para chegar a... Plutão. Depois de deixar o nosso sistema solar, essa mesma luz do sol deve viajar durante quatro anos e quatro meses para chegar à próxima estrela do universo. É uma distância de 40 trilhões de quilômetros, mas que no universo de Deus é a mera distância de um grito!

O sol reside na Via-Láctea, que tem a forma de um disco voador, achatada e com uma protuberância no centro. O nosso sol fica aproximadamente a três quartos do caminho até a extremidade da galáxia. Para se ter uma ideia dessa distância, se o nosso sistema solar tivesse três centímetros de diâmetro, a distância até o centro da Via-Láctea seria de 600 quilômetros. Nossa galáxia contém centenas de bilhões de estrelas.

No entanto, a Via-Láctea é apenas uma entre um trilhão de galáxias no universo. O astrônomo Allan Sandage diz que: "As galáxias são para a astronomia o que os átomos são para os físicos".

Existem vinte galáxias no que chamamos de nosso grupo local. O nível seguinte de agrupamento no universo é denominado um "superagrupamento de galáxias". Dentro do nosso superagrupamento, o agrupamento mais próximo de galáxias, chamado Virgo, fica a 50 milhões de anos luz de distância. (Um ano luz é a distância que a luz percorre em um ano. Para ter uma noção da distância de um ano luz, se você dirigisse o seu carro a 90 quilômetros por hora, levaria 12,2 milhões de anos para percorrer um ano luz).

Os astrônomos avaliam que a distância de um lado ao outro do universo é de aproximadamente 40 bilhões de anos luz e que existem aproximadamente 100 bilhões de trilhões de estrelas.[2]

Estou falando sobre o Sujeito que fez tudo isso... somente com as Suas palavras! Sem dúvida, não há ninguém como Jesus.

E se eu lhe dissesse que esse homem solicita o prazer da sua companhia, que essa pessoa incrível, o único Deus vivo e verdadeiro, não apenas o ama, mas também gosta de você. Ele nos criou, meros seres humanos, porque queria ter uma família e não servos distantes. Quando os discípulos de Jesus pediram a Ele que lhes ensinasse a orar, Sua resposta apresentou-lhes uma maneira completamente nova e radical de pensar. Jesus respondeu: *"Iniciem a sua oração dirigindo-se a Ele como Pai"*.

Quando disse isso, Jesus mudou para sempre as regras do jogo. Ele reescreveu as regras. Os líderes religiosos ficaram escandalizados, os filósofos consideraram aquilo ridículo, mas para os corações famintos, como o seu e o meu, que procuram a nossa alma gêmea, foi algo que nos encheu de esperança.

— Você quer dizer que Deus nos disse para chamá-lo de "Papai", e não de Vossa Alteza ou Altíssimo?

— *Sim* — disse Jesus — *Deus prefere que vocês O chamem de "Papai"*.

Que essa verdade possa moldar para sempre a maneira como você se aproxima de Yahweh. O Deus Pai quer você, e não uma lealdade religiosa superficial. A afirmação do seu louvor e a admiração da sua adoração O bendizem, não porque Ele precisa *delas*, mas porque Ele precisa de *você* e deseja a *sua* companhia. A Bíblia nos diz que Ele está procurando adoradores, e não adoração. Deus não é inseguro: Ele não necessita do nosso louvor para sentir-se bem consigo mesmo, nem é orgulhoso: Ele não precisa da adoração para alimentar o Seu ego. É relacionamento que Ele deseja. Intimidade. Família. Quando adoramos, Ele é cativado pelo cantor e não pela canção. A nossa companhia é aquilo pelo qual Ele anseia. Os adoradores iluminados sabem disso. Eles também sabem que quando se aproximam de Deus, Ele responde. E o prazer da Sua companhia se torna a recompensa deles.

Faça dela a sua recompensa também.

Oração

Pai, eu Te agradeço por nos dar de presente o Teu bem mais precioso — o Teu único Filho, Jesus Cristo. Sou eternamente grato e fico maravilhado porque pelo relacionamento com Ele temos acesso a uma revelação perfeita e ilimitada do Teu coração.

Abre os olhos do meu coração, Pai, para ver corretamente e conhecer intimamente a admirável pessoa do Teu Filho, Jesus. Obrigado por ser eternamente fiel à Tua promessa de Te achegares a mim toda vez que eu me achegar a Ti. Que belo convite e que bendita certeza.

Jesus, eu escolho me aproximar de Ti hoje. Não estou satisfeito em apenas conhecer a respeito de Ti. Anseio Te conhecer pessoalmente cada vez mais, cada dia. Quero contemplar a Tua beleza majestosa e descansar na perfeição do Teu amor.

À medida que eu embarco nesta jornada às profundezas de quem Tu és, que desfrutar o prazer da Tua companhia se torne a minha maior recompensa.

(Oração extraída de: João 3:16; Efésios 1:15-19; 1 Coríntios 2:10; Tiago 4:8; Salmos 27:4; Romanos 8:38-39; Gênesis 15:1).

2

O BUSCADOR

Os elevadores são práticos... e incômodos. Quem, em sã consciência, gosta de estar em um elevador com pessoas que não conhece? Quanto mais longo o trajeto, maior o silêncio. Há alguns meses fiquei preso no fundo de uma dessas câmaras de tortura no aeroporto de uma das maiores capitais de férias do mundo — Orlando, na Flórida. Quem não ouviu falar de Disney World, MGM e outros locais famosos da região? E a julgar pelas filas nessas atrações turísticas, todas as pessoas do mundo já passaram por ali! Consequentemente, o aeroporto está sempre superlotado e agitado. Quando o elevador parou no meu andar e a porta abriu, ninguém se moveu. Depois de alguns segundos, imaginando que ninguém mais iria descer naquele andar, falei com pressa lá de trás: "Com licença, preciso descer aqui".

Parecia até que eu havia pedido o telefone de cada uma das pessoas no elevador! As costas se enrijeceram, os olhos se voltaram para mim, e o homem que estava mais próximo da porta se virou e me repreendeu com um tom de voz muito arrogante: "Seja paciente, estou apenas tentando ser um *cavalheiro* e dar passagem às senhoras primeiro" — ele rosnou.

Eu estava exausto, por isso talvez tenha falado mais alto do que percebi, mesmo sem a intenção. Ou quem sabe, a minha pressa tenha soado como impaciência. Ou é possível que o sujeito que estava na frente do elevador fosse um IDIOTA! Depois que todos nós saímos, uma das senhoras que estavam com ele se virou para mim e, de maneira bastante esnobe, decidiu me dar um conselho: "O senhor precisa de férias. Já que estamos em Orlando, por que não aproveita e tira uns dias de folga para *esfriar a cabeça?*" Que idiota.

O que eu fiz? Sendo o cavalheiro que sou, levei essa no queixo e segui em frente — *com o sangue fervendo enquanto explicava a eles em meus pensamentos o quanto eles eram idiotas!* E como sou um gigante espiritual, depois de algumas semanas eu havia esquecido aquilo e perdoado àquelas pessoas. Essas coisas não demoram muito para mim!

Detesto ser incompreendido e julgado de forma equivocada, principalmente em um elevador! E uma dose dupla como a que recebi é como ser obrigado a comer brócolis e depois descobrir na primeira mordida que ele está estragado. Acho que Deus também não gosta de ser mal julgado e mal compreendido, e Ele é sem dúvida a pessoa mais mal compreendida que existe. Percebido como alguém distante, Ele frequentemente é ignorado. Considerado julgador e legalista, é tido por alguns como intimidador e como alguém de quem se deve manter distância. E sendo erroneamente visto por seus filhos como Alguem que gosta de ouvir o quanto é grande, Ele é louvado.

Não me entenda mal. É claro que é bom e apropriado louvar a Deus. É o nosso motivo para fazer isso que precisa seriamente ser corrigido. Deus não é narcisista. Não é Alguém que necessita ouvir o quanto é maravilhoso para satisfazer um ego inflado, nem é Alguém inseguro que precisa ouvir o tempo todo como é realmente tremendo. Ele não se exibe — o louvor não estimula um lado machista do Seu coração, motivando-O a agir para demonstrar o Seu poder. E Ele não pode ser comprado — a nossa adoração não faz com que Ele nos "recompense" com a Sua presença simplesmente porque nós fizemos com que Ele se sentisse tão bem. O Corpo de Cristo tem muitas ideias estranhas sobre louvor e adoração. Francamente, Deus não *quer* adoração nem *precisa* dela.

No entanto, Ele está em busca de *adoradores*.

A diferença entre as duas ideias é imensa — é imensurável. *Nós SOMOS a adoração*. Deus anseia pelo cantor, e não pela canção. Nosso coração de adorador é o que transforma o nosso *canto* em adoração, e não as palavras e a música que cantamos. Deus preferiria receber um olhar cheio de amor dos seus olhos do que uma canção repetida pelos seus lábios como um papagaio.

Quando os meus filhos eram pequenos e aguardavam ansiosamente que o papai voltasse do trabalho para casa, eles não me esperavam na porta com uma canção. Eles pulavam em meus braços e me davam um grande abraço.

Quando Deus nos criou, Ele fez filhos, e não um coral; fez membros de uma família, e não membros de uma igreja. Ele gosta de amor, e não de liturgia.

Com frequência fazemos da adoração simplesmente uma parte do culto, em lugar de fazer dela um tempo para estarmos em intimidade com Jesus. E em nossos cultos geralmente é concedido mais tempo ao pregador do que à adoração a Jesus. Costumo olhar para a multidão para ver quantas pessoas estão realmente concentradas nas palavras que estão cantando e Naquele para quem deveriam estar cantando. É claro que não posso julgar o coração das pessoas. Mas se eu pedisse à minha esposa para ter uma conversa com ela de coração para coração e depois tirasse do bolso um roteiro e um cronômetro, ela não consideraria essa conversa "de coração para coração". E se durante essa conversa eu repetisse os trejeitos e a linguagem corporal que muitos "adoradores" em nossos cultos mostram, ela se sentiria tudo, menos honrada e valorizada. Na verdade, ela provavelmente se sentiria *desonrada*. E quem poderia culpá-la? Afinal, ela saberia que aquela era uma conversa simbólica e não uma comunhão sincera.

Não tenho a intenção de ser crítico. Na verdade, não creio que o problema com a adoração da maioria dos crentes seja a hipocrisia ou a falta de sinceridade. Acredito que a maioria está sinceramente tentando honrar a Deus dando a Ele o que Lhe é devido e cumprindo a sua obrigação para com Ele como Criador. Duvido que a maioria deles entenda, ou mesmo tenha ouvido dizer, que Deus é um amante assim como é Senhor. E não foi a Sua natureza *senhorial* que O impeliu a nos criar — Ele poderia ter criado mais alguns bilhões de anjos se esse fosse o Seu desejo. Foi a Sua natureza *amorosa*. Deus tem um coração de Pai.

Jesus, que veio à Terra para nos mostrar como Deus realmente é, nos deu um grande vislumbre do coração amoroso do Pai em um encontro com uma mulher cuja vida era bastante imoral. Procurando amor em todos os lugares errados, essa mulher divorciada cinco vezes, atualmente excluída da sociedade por estar vivendo com alguém que não era seu marido, estava prestes a encontrar um homem que desejava o seu coração, e não o seu corpo.

Deixado a sós com ela junto a um poço enquanto Seus discípulos saem em busca de comida, Jesus primeiro choca essa mulher quebrando o protocolo judaico e iniciando uma conversa com ela. Com base no diálogo que acontece em seguida, fica óbvio que Ele conhecia o estilo de vida dela desde o instante em que a viu. Também fica evidente que Ele pretendia mudá-lo.

— *Vá, chame o seu marido e volte* — Ele lhe disse.

— Não tenho marido — a mulher respondeu.

Então, com Seu jeito singular e sobrenatural, Jesus foi direto ao assunto.

— *Você falou corretamente, dizendo que não tem marido. O fato é que você já teve cinco, e o homem com quem agora vive não é seu marido. O que você acabou de dizer é verdade* (ver João 4:16-18).

O Senhor não estava dizendo isso para condenar a mulher, mas para chamar sua atenção e começar a revelar a ela quem Ele realmente era. Ele havia visto algo mais que o desejo de se entregar ao prazer sensual quando olhou para dentro da alma daquela mulher; Ele viu um coração sedento e uma adoradora em potencial.

Jesus sabia que primeiro teria de guiá-la para fora da neblina ofuscante da religião desprovida de relacionamento e da pedra de tropeço da divisão racial, por isso esquivou-se da pergunta dela sobre *onde* ela deveria adorar e passou diretamente a dizer *como* ela deveria fazer isso:

Jesus declarou: "Creia em Mim, mulher: está próxima a hora em que vocês não adorarão o Pai nem neste monte, nem em Jerusalém. Vocês, samaritanos, adoram o que não conhecem; nós adoramos o que conhecemos, pois a salvação vem dos judeus. No entanto, está chegando a hora, e de fato já chegou, em que os verdadeiros adoradores adorarão o Pai em espírito e em verdade. São estes os adoradores que o Pai procura. Deus é Espírito, e é necessário que os seus adoradores O adorem em espírito e em verdade".

João 4:21-24

Jesus já havia dito à mulher que conhecia o seu estilo de vida, e as atitudes Dele provam que Ele não a estava condenando. Ele havia assegurado a ela que podia saciar a sede do seu coração colocando um poço de salvação dentro dela. Agora Ele estava indo ao cerne da questão: a adoração. Ele deslocou o conceito da adoração, tirando-o do *lugar* e passando-o para a *pessoa*, o que nos dias dela significava uma mudança radical de paradigma. Estou certo de que ela nunca havia pensado nisso, e com certeza jamais imaginou que Deus estivesse, na verdade, *em busca de* adoradores. "Ele gostaria que você fosse um deles", foi o convite óbvio.

Ela havia sido fisgada. Pensar que Deus pudesse realmente estar buscando a companhia dela estava além dos sonhos mais loucos daquela mulher. Como Ele poderia querê-la? Mas Ele queria. Em um instante a sua vergonha foi quebrada e a alegria encheu seu coração. É uma sensação boa ser desejada pelos motivos certos. Essa nova adoradora estava tão entusiasmada que correu e contou aos homens de sua aldeia sobre Jesus, e eles também acabaram crendo Nele. (Não creio que as mulheres da aldeia falavam com ela!) Por fim, toda a comunidade creu Nele.

Jesus estava entusiasmado demais para comer!

Quando os discípulos voltaram, eles ficaram impressionados por Ele estar falando com aquela mulher imoral. Mas Jesus não se abalou diante do choque deles e não estava nem um pouco preocupado quanto à Sua reputação. Sua empolgação em transformar vidas e em encontrar verdadeiros adoradores era muito maior do que qualquer preocupação com Sua reputação. Em uma ocasião, Ele permitiu que uma prostituta entrasse na casa de uma pessoa e, enquanto eles comiam, lavasse os Seus pés com suas lágrimas. Que desconcertante! Mas não para Ele. Jesus procurava verdadeiros adoradores, e não era o passado deles que importava para Ele, somente os seus corações.

Cristo ainda está buscando verdadeiros adoradores hoje. Se o Deus a quem você foi apresentado é alguém distante, indiferente, não demonstra emoção ou está apaixonado por Si mesmo, você foi enganado. O verdadeiro Deus é apaixonado, interessado, ama as pessoas e está em busca de companhia — a sua. Enquanto outros buscam a Sua ajuda, por que você não busca o Seu coração? Faça com que Ele ganhe o dia dando-Lhe o prazer de um pouco de companhia.

Oração

Obrigado, Pai, por nos enviar um Salvador que destruiu as falsas ideologias com relação à Tua natureza demonstrando como Tu és realmente e nos mostrando o caminho para o Teu coração.

Bom Pastor, sou eternamente grato a Ti por saíres em busca desta única ovelha perdida. Os Teus olhos nunca se cansam de procurar nos lugares mais escuros para buscar apaixonadamente e saciar almas que têm sede do verdadeiro amor.

Fico maravilhado diante da realidade de que Tu, o Criador do Universo, possas ansiar amorosamente pela minha companhia. Tu és o único Deus que deseja o meu coração mais do que a minha adoração. Que amor é esse! Que bondoso Pai e Amigo Tu és.

Jesus, eu também desejo ter um relacionamento contigo. Em vez de buscar a Tua ajuda hoje, escolho buscar o Teu lindo coração. Quero responder ao amor que estendeste a mim primeiro. Seria um grande prazer para mim Te fazer companhia e satisfazer os anseios do Teu coração.

———

(Oração extraída de: João 14:8-11; João 10:11; Lucas 19:10; 2 Crônicas 16:9; João 4:23; 1 João 4:19)

3

A DESCOBERTA

No capítulo anterior, vimos Deus como Aquele que busca, sempre procurando por aqueles que têm corações que desejam conhecê-Lo. A recíproca também precisa ser verdadeira. Em qualquer relacionamento verdadeiro só pode haver realização se a busca é dos dois lados. Quando isso acontece, a busca se torna uma aventura empolgante e conduz à alegria da descoberta.

Ao observar as crianças, percebemos que há algo que nasce em nossos corações que nos faz ter prazer na busca. Seja uma caça ao tesouro, uma caça aos ovos de Páscoa ou uma brincadeira de esconde-esconde, a crescente expectativa dá um ar de mistério ao processo e transforma a busca em uma aventura.

Comecei a brincar de esconde-esconde dentro de casa com minhas filhas, Sarah e Hannah, quando elas eram pequenas. Elas não eram muito boas nisso. Eu sempre conseguia encontrar lugares para me esconder — debaixo de um cobertor, em um armário, embaixo da mesa. Mas eu queria que elas gostassem da brincadeira, então fazia pequenos barulhos para revelar o lugar do meu esconderijo. Elas abriam a porta de supetão ou puxavam o cobertor e gritavam de alegria enquanto eu fingia estar desapontado por elas terem me encontrado. Elas sabiam, é claro, que eu não estava realmente chateado, mas apenas me divertindo. Eu realmente amava quando elas me encontravam.

Deus brinca de esconde-esconde com Seus filhos também. E Ele também gosta quando O encontramos. *"Se O buscarem, Ele deixará que O encontrem"*, disse Azarias, um profeta do Antigo Testamento, a Israel (2 Cr 15:2). As pessoas ouviram Azarias e buscaram o Senhor e, assim como Deus prometeu, Ele permitiu que elas O encontrassem:

> *Todo o povo de Judá alegrou-se com o juramento, pois o havia feito de todo o coração. Eles buscaram a Deus com a melhor disposição; Ele deixou que O encontrassem e lhes concedeu paz em suas fronteiras.*
>
> 2 Crônicas 15:15

Quando "descobrimos" Deus, como Ele permitiu que Israel fizesse, encontramos muito mais do que apenas o *prazer* da Sua companhia, por mais maravilhosa que ela seja. Também encontramos o nosso *propósito*. Jeremias falou das duas coisas, tanto de encontrar Deus quanto de encontrar propósito, nos seguintes versículos:

> *Porque sou Eu que conheço os planos que tenho para vocês"*, diz o *Senhor, "planos de fazê-los prosperar e não de lhes causar dano, planos de dar-lhes esperança e um futuro. Então vocês clamarão a Mim, virão orar a Mim, e Eu os ouvirei. Vocês Me procurarão e Me acharão quando Me procurarem de todo o coração.*
>
> Jeremias 29:11-13

A palavra hebraica traduzida como "futuro" nessa passagem é *achariyth*. Ela também significa "destino". Ao dizer *"... quando Me procurarem de todo o coração"*, o Senhor estava garantindo a eles: *"Não apenas deixarei que vocês Me encontrem, como também permitirei que vocês descubram os Meus planos e propósitos para vocês. Prazer e propósito, ambos são encontrados na Minha companhia"*.

Como acontece com qualquer coisa criada, nosso propósito só pode ser encontrado no coração e na mente do nosso Criador. Quando O buscamos, estamos na verdade buscando um destino; quando um é encontrado, encontramos o outro. William Wilberforce, grande estadista inglês que foi usado por Deus para acabar com a escravidão no Império Britânico, é um grande exemplo disso. Wilberforce buscou a Deus, encontrou-O, e ao fazer isso também descobriu o seu destino como reformador. No filme que conta sua vida, *Amazing Grace* (Maravilhosa Graça), há uma cena em que o mordomo de Wilberforce o surpreende enquanto ele está orando e meditando. Aquela era uma situação incomum, por isso o mordomo pergunta a Wilberforce se ele havia encontrado Deus. "Acho que Ele me encontrou", é a resposta comovente.

Quando a busca começa, às vezes é difícil saber quem encontra quem! Nós encontramos Deus ou foi Ele que nos encontrou? Na verdade, as duas coisas. Ele dá início ao processo buscando por nós; nós respondemos retribuindo o Seu amor. *"Nós amamos porque Ele nos amou primeiro"* (1 Jo 4:19). Esse padrão de amor se manifestou há vários anos em minha vida de uma forma muito dramática.

Era 1973, e eu estava frequentando a universidade, indo rápido, mas sem chegar a lugar algum. Estava fugindo de Deus havia dois anos, servindo aos deuses do álcool, das drogas e do *rock'n' roll*. Embora tivesse sido criado na igreja (meu pai foi um evangelista e depois um pastor) e tivesse entregado minha vida a Cristo ainda menino, comecei a me rebelar aos dezessete anos. A rebelião começou quando meu pai teve um caso com a sua secretária, abandonou a nossa família e casou-se com ela.

Como você pode imaginar, nossas vidas foram despedaçadas. Mamãe conseguiu um emprego em um açougue, meu irmão e eu conseguimos empregos de meio-expediente, e de algum modo sobrevivemos. Pelo menos fisicamente. Não nos saímos tão bem emocional e espiritualmente. Meu irmão e eu nos rebelamos, nos desviamos de Deus e de tudo o que tinha a ver com Ele. Minha irmã mais nova também ficou emocionalmente devastada; obviamente, minha mãe também. No fundo do meu coração eu sabia que aquilo não era culpa de Deus, mas ainda assim eu estava zangado com Ele. A dor era tão forte e eu estava tão confuso que simplesmente não conseguia lidar com tudo aquilo. E certamente não conseguia entender o que acontecera. Talvez o fundo do poço tenha sido o dia em que, aos dezessete anos, segurei minha mãe em meus braços e ouvi-a soluçar, dizendo-me que ela não queria mais viver. Naquele instante, tornei-me um jovem muito amargo e cheio de ódio.

Deus foi muito paciente comigo. Ele sabia que aquela rebelião estava sendo causada pela minha dor. Ele permitiu que eu fugisse, amou-me em meio às minhas reações cheias de dor e não as levou para o lado pessoal. Dois anos depois, em um bar chamado *The Boars Head* (Cabeça de Porco) — um nome bem apropriado, já que eu era um filho pródigo e ali era a minha pocilga — enquanto eu ouvia uma banda de rock, completamente drogado e totalmente fora de mim, Ele me encontrou.

— *O que você está fazendo aqui?* — Ele me perguntou.

A voz do Senhor foi tão clara que poderia tê-la ouvido. A pergunta não era uma repreensão, mas sim um apelo sincero do meu coração.

— *Você sabe que este não é você* — Ele continuou — *e que nunca encontrará a realização e a paz que está procurando vivendo nesse estilo de vida.*

Chocado e impressionado com o fato de que Deus estava me buscando em um lugar como aquele, minha primeira reação foi:

— O que o *Senhor* está fazendo aqui?!

— *Eu vim buscar você.*

Fiquei instantaneamente sóbrio, e saí para andar e pensar por algum tempo. O Senhor e eu tivemos várias outras conversas durante os dois meses seguintes, até que finalmente fui curado o suficiente para responder à Sua busca. Eu respondi buscando-O de volta... e Ele me deixou encontrá-Lo. Como o filho pródigo voltando para o abraço de seu pai, regressei ao abraço amoroso do Papai Deus. Quando fiz isso, encontrei mais do que prazer; descobri propósito.

Percebendo que a área de estudo que eu estava buscando não era o que eu tinha sido criado para fazer, saí da faculdade. Assim como Ele havia feito com Wilberforce, o Senhor me encontrou e agora despertava paixões e desejos que estavam no mais profundo do meu ser. Do mesmo modo que eu havia feito com as minhas meninas, Deus começou a fazer pequenos "barulhos", e eu experimentei a emoção da descoberta.

Entrei em uma busca apaixonada por Deus. Passei a servir ativamente em uma boa igreja local e comecei a me relacionar com outros buscadores famintos por Ele. Também comecei a fazer curtas viagens missionárias, servindo a missionários e aos pobres na Guatemala. Finalmente entendi que queria servir a Deus no ministério em tempo integral, e decidi cursar o Instituto Cristo para as Nações, em Dallas, no Texas. Ali eu descobri Deus — mais e mais — e acabei descobrindo minha esposa, com quem estou casado há trinta e cinco anos maravilhosos. Essa tem sido uma jornada maravilhosa.

Quando o Senhor me buscou e me ajudou a encontrá-Lo, meu destino verdadeiramente teve início. Encontrá-Lo é encontrar a fonte de tudo o que é bom. Todas as coisas boas fluem das riquezas profundas da Sua natureza. Agora, faz trinta e nove anos que Ele e eu temos buscado um ao outro. Descobri-O nas florestas, nas montanhas, à beira dos riachos, dirigindo meu carro, sentado à frente da lareira e, sim, em cultos de adoração. É claro que essas descobertas exigem tempo e esforço — assim como qualquer relacionamento que valha a pena exige — mas cada vez que O redescubro percebo mais uma vez que Ele é o tesouro da vida.

Aposto que se você ouvir atentamente agora, perceberá que Ele está fazendo alguns barulhos. Por que você não vai encontrá-Lo?

Oração

Pai, eu Te agradeço por me buscar incansavelmente com o Teu amor incondicional e por fazer um caminho para que eu Te encontre através da vida do Teu glorioso Filho.

Hoje eu respondo à Tua busca amorosa e me lanço em uma busca incessante pelo Teu coração. Jesus, Tu és a fonte do prazer e também do propósito, onde sonhos se realizam através de corações incendiados. Verdadeiramente, Tu és a fonte de tudo o que é bom.

Obrigado por revelar o meu destino e me lançar em direção a ele à medida que me aproximo para conhecer as profundezas do Teu coração. Que a Tua bondade me leve continuamente a descobrir as aventuras impressionantes, as alegrias extraordinárias e a profunda realização inerentes ao prazer da Tua companhia.

(Oração extraída de: João 14:6-11; 1 João 4:19; Isaías 55:6; Deuteronômio 4:29; 2 Crônicas 15:15; Salmos 34:8; Salmos 36:6; Jeremias 29:11-13; Jeremias 33:3; Hebreus 11:6)

4

A Dança

Não sou um grande dançarino. Quer dizer, não sou sequer um dançarino mediano. Está bem, eu não danço nada! Quando eu estava no colégio, havia uma dança popular chamada "a Dança da Galinha". Acho que a minha versão desses passos ensaiados foi provavelmente o mais perto que já cheguei de dançar adequadamente. Na verdade, eu pensava que era bastante bom nisso até que os meus amigos apelidaram a minha versão de "O Fiasco da Galinha". Minha mãe entrou quando eu estava treinando um dia e "pirou".

— Você está bem? — ela gritou, imaginando que eu estivesse tendo uma convulsão.

— Sim, estou bem — garanti a ela. — Estou apenas dançando a Dança da Galinha.

— Faça-o parar de comer açúcar — Papai murmurou do outro lado da sala — antes que ele quebre alguma coisa.

— Parece que ele está sendo picado por um enxame de abelhas — meu irmão brincou.

Há alguns anos, minha esposa, Ceci, me convenceu a fazer aulas particulares de dança de salão. Em princípio resisti, sabendo que isso não acabaria bem, mas ficou claro que aquilo era importante para ela. Então, deixando o bom senso de lado, acabei cedendo.

É provável que você tenha ouvido a expressão "bêbado como um gambá", mas você já viu um? Meus cachorros saíram correndo — eles se recusaram a chegar perto de mim por dias.

—Bem, vamos deixar essa história de dança de lado. Melhor apenas fazer uma caminhada juntos. — Ceci sugeriu.

— Sim — eu disse, — a menos que tragam de volta a Dança da Galinha.

Para os que são afortunados o bastante para terem os genes certos, dançar é uma grande diversão. A dança, na verdade, está associada à alegria. Quem não ouviu a frase "pulando de alegria?" Quando estamos tristes, tendemos a ficar ociosos, mas quando estamos alegres ou celebrando, saltamos, dançamos e giramos.

E Deus também.

Não, eu não estou brincando. Ele dança. Há um versículo pouco conhecido no Antigo Testamento que nos oferece uma descrição maravilhosa do coração dançante de Deus para com os Seus filhos: *"O Senhor, o seu Deus, está em seu meio, poderoso para salvar. Ele se regozijará em você; com o Seu amor a renovará, Ele Se regozijará em você com brados de alegria"* (Sf 3:17). A última frase desse versículo na versão NTLH diz: *"Ele cantará e se alegrará"*. Em hebraico, a língua na qual o Antigo Testamento foi escrito, a palavra traduzida como "regozijará" (NVI) e "alegrará" (NTLH) é a palavra hebraica *guwl*, que significa literalmente "girar sob a influência de alguma emoção violenta". Foi o que eu disse — Ele dança.

O hebraico é uma língua pictórica; significa que uma palavra pinta um retrato ou cria uma imagem. Com a imagem que a palavra *guwl* apresenta — girar com muita emoção — é fácil ver por que ela é traduzida em palavras em português como *alegria, regozijo, prazer* e *deleite*. Mas será que essas traduções realmente fazem justiça a essa pequena palavra? De modo algum.

Eu experimentei alegria no último fim de semana quando, por causa do meu status de *Executive Platinum* na American Airlines, recebi um upgrade para a primeira classe. Eu realmente me regozijei ao enviar uma mensagem para Ceci que dizia: "Incrível! Estou na primeira classe!" Mas eu não fiquei pulando e dançando no terminal de embarque. Também experimentei alegria quando o time de futebol Baltimore Ravens venceu os New England Patriots algumas semanas antes. (Não que eu seja fã dos Ravens; simplesmente não gosto dos Patriots.) Mas em nenhuma dessas ocasiões posso dizer que eu *guwl*.

Entretanto, quando meu time de futebol favorito, o Denver Broncos, venceu o *Superbowl* há alguns anos, eu "*guwl*-ei". Perdendo toda a dignidade, eu pulei, gritei e girei, sacudindo os punhos no ar. Fiz o "toca aqui" com todos os que estavam perto de mim, quer eu os conhecesse ou não. *Guwl* aproxima as pessoas! No dia em que estou escrevendo este capítulo por acaso é véspera de Ano Novo. As pessoas vão estar "*guwl*-ando" em todo o mundo esta noite com outros que sequer conhecem.

Mas, Dutch, você realmente está dizendo que Deus age dessa maneira por causa dos Seus filhos? Sem dúvida. Na história incrível do filho pródigo (ver Lucas 15:11-32), o pai do filho pródigo representa o nosso Pai celestial. Quando o filho desviado volta para casa, o pai fica tão empolgado que dá uma festa acompanhada de música, dança e grande regozijo. Não posso provar, mas sei quem estava liderando a dança. O pai! Ele que correu para encontrar seu filho que estava retornando, mandou matar o novilho cevado e deu aquela festa. Um dos meus dicionários favoritos diz que a palavra *regozijar* nessa passagem pode estar relacionada a uma palavra hebraica diferente que descreve uma ovelha ou um cordeiro novo pulando e saltando de alegria. A mesma palavra é usada para descrever como os anjos no Céu reagem quando uma pessoa vem a Cristo (ver Lucas 15:10). Há uma descrição do Céu que é nova para a maioria de nós: um Deus feliz, brincalhão e saltitante, com Seus anjos felizes e saltitantes!

Alguns pensarão que estou insultando a dignidade de Deus atribuindo-Lhe emoções humanas e atitudes de celebração. Quero garantir a você que essa não é a minha intenção. Nem por um instante creio que Deus aja como nós — creio que nós é que agimos como Ele! Fomos criados à imagem e semelhança de Deus. Isso significa que temos emoções porque Ele tem emoções. Amamos porque Ele ama, rimos porque Ele ri, choramos porque Ele chora e dançamos porque Ele dança. Se o seu conceito a respeito de Deus é o de uma entidade distante, indiferente e entediante, parecida com a versão de Jeová do diretor Cecil B. DeMille no filme *Os Dez Mandamentos*, pense de novo. Deus é divertido, legal, "real", e será o centro da festa no Céu.

Você provavelmente leu o conhecido poema "Pegadas na Areia", que retrata o Senhor nos carregando nos momentos difíceis da vida. Gosto ainda mais desta versão:

Uma mulher teve um sonho no qual sua vida com Jesus era retratada por pegadas na areia.

Durante grande parte do caminho, as pegadas do Senhor seguiam firmes, consistentes, raramente variando de ritmo. As pegadas dela, porém, eram um curso desorganizado de ziguezagues, começos, paradas, voltas, círculos, partidas e retornos. Por muito tempo elas pareciam continuar assim. Mas gradualmente, as pegadas dela se alinharam com as pegadas do Senhor, finalmente ficando paralelas às Dele de maneira consistente. Ela e Jesus estavam andando como verdadeiros amigos.

Isso parecia perfeito, mas então algo interessante aconteceu: as pegadas dela, que antes estavam marcadas na areia ao lado das de seu Mestre, agora estavam andando exatamente nos passos Dele; dentro das grandes pegadas estavam as pegadas menores, seguramente envoltas pelas pegadas Dele. Ela e Jesus estavam se tornando um. O caminho continuou assim por muitos quilômetros.

Pouco a pouco, porém, ela percebeu outra mudança. As pegadas dentro das pegadas maiores pareciam crescer. Finalmente elas desapareceram completamente. Havia apenas um conjunto de pegadas: eles haviam se tornado um. Novamente, esse padrão continuou por muito tempo.

Então algo terrível aconteceu. O segundo conjunto de pegadas voltou. Dessa vez parecia ainda pior que no início. Ziguezagues por toda parte... paradas, começos... marcas profundas na areia... um verdadeiro caos de pegadas. Ela ficou chocada e impressionada. Mas esse foi o fim do sonho.

A mulher buscou o Senhor em oração, procurando entender:

— Senhor, entendo a primeira cena com os ziguezagues, retornos, começos, etc. Eu era uma cristã recém-convertida, apenas aprendendo. Mas Tu andavas comigo e me ajudavas a aprender a andar contigo.

— *Isso mesmo* — respondeu o Senhor.

— Então, quando as pegadas menores estavam dentro das Tuas, eu estava realmente aprendendo a andar nos Teus passos. Eu O segui bem de perto.

— *Muito bem. Você entendeu tudo até agora.*

— Então as pegadas pequenas cresceram e finalmente encheram as Tuas pegadas. Suponho que eu estava realmente crescendo tanto que estava me tornando mais semelhante a Ti de todas as formas.

— *Exatamente.*

— Mas, Senhor, a minha pergunta é: as pegadas voltaram a ser duas, e ficaram mais caóticas do que no início. Houve um retrocesso em minha vida?

O Senhor sorri e depois dá uma risada.

— *Você não sabia?* — Ele diz. — *Aquilo foi quando nós dançamos.*[3]

Era disso que eu estava falando!

Estou plenamente consciente de que a multidão super-religiosa não aprovará o meu Deus que ama a diversão. Esse retrato de Deus será considerado irreverente por eles, talvez até herético. Se você quer realmente saber no que eles acreditam sobre a personalidade de Deus, vá a um dos cultos de adoração deles. Mas — e perdoe-me por ser tão direto — talvez você queira tomar um café expresso quando estiver a caminho. Francamente, creio que até Deus fica entediado com muitos dos cultos deles. Confie em mim, o Deus da Bíblia não é formal e religioso.

Nossas reuniões de adoração deveriam ser celebrações em que damos as mãos ao Papai Deus e nos divertimos saltando, pulando e dançando. (Apenas não faça a Dança da Galinha.) O *shabath*, a palavra hebraica para sábado, significa não apenas "parar ou deixar de trabalhar", mas também "celebrar". De uma maneira muito semelhante, nós também celebramos certos dias — feriados, por exemplo — descansando do trabalho. Esse é o conceito do *shabath*. No sétimo dia, Deus parou de trabalhar e celebrou! Ele estava tão empolgado por ter uma família que decidiu que isso seria comemorado com um "dia de celebração e descanso". Isso dá uma nova perspectiva à observação do *shabath*. A cada sete dias todos nós devemos descansar e celebrar o fato de sermos membros da família de Deus com alegria e grande regozijo. Se fizéssemos isso, o Evangelho que pregamos seria muito mais atraente.

Abandone o seu conceito de um Deus destituído de paixão. Rejeite todos os estereótipos religiosos sobre Ele. Deixe que o seu Pai celestial seja real, relevante e relacional. Só então você começará a experimentar o prazer da Sua companhia.

Olhe para cima... Acho que Ele está convidando você para dançar.

Oração

Pai celestial, eu Te agradeço por nos amar tão intensamente a ponto de escolher habitar em nosso meio. Que revelação admirável é o Teu amor expresso em Emanuel — o Teu Filho Salvador, o Verbo encarnado, tanto homem quanto Deus conosco.

Jesus, meu Noivo amado, fico impressionado com o Teu amor apaixonado por mim, saltando e pulando diante do simples pensamento de encontrar o meu coração. Tu Te alegras em mim com doces cânticos de amor e com brados de júbilo exultante. Tu és o Deus Todo-Poderoso que dança com zelo sobre mim. Que maravilha!

Estou radiante de gratidão por ter como Senhor da minha vida um Deus que ama a diversão, que é real, relevante e relacional. Quero aprender a receber a plena expressão do Teu amor.

Pai, que a reação do meu coração ao Teu amor apaixonado seja a de me considerar indigno cada vez mais. Como Davi, quero dançar para Ti sem qualquer vergonha. Abre meus ouvidos para ouvir os sons do Céu e cessar os meus trabalhos por tempo suficiente para deliciar-me livremente nas celebrações do Teu amor. Doce Papai, concede-me a honra desta dança?

(Oração extraída de: Ezequiel 48:35; Isaías 7:14; Mateus 1:23; Sofonias 3:17; Salmos 32:7; Cântico dos Cânticos 2:8; Lucas 15:11-32; 2 Samuel 6:14, 20-22)

A Busca

T enho muitas ótimas lembranças de momentos vividos com as três mulheres da minha vida: Ceci, a minha esposa; a minha filha mais velha, Sarah; e Hannah, a minha filha mais nova. O prazer da companhia delas sempre foi especial para mim.

Dos milhares de dias memoráveis que passei com Ceci, uma excursão empolgante em um lindo domingo na primavera de 1977 se destaca entre os demais. Havíamos ido ao pitoresco lago White Rock em Dallas, Texas, onde fizemos um piquenique maravilhoso. Ceci fez o seu inigualável frango frito e preparou salada de batatas para a ocasião. Depois de comer, nos sentamos em um cobertor, não longe do lago — o cenário era absolutamente perfeito — e desfrutamos de uma conversa agradável. Ela havia levado o seu violão, e cantamos algumas músicas de adoração; a presença do Espírito Santo era doce. Nesse lindo cenário, naquele belo dia, totalmente hipnotizado por aquela linda mulher, eu a pedi em casamento. Achando-me irresistível, ela disse sim.

Das muitas lembranças que tenho de Sarah, o seu casamento com certeza é uma das principais. Lembro-me do orgulho e satisfação que senti quando ela e eu dançamos na festa. Na verdade, como você deve ter imaginado após ler o último capítulo, trocar o peso do meu corpo de um pé para o outro enquanto segurava sua mão e seu ombro foi o máximo de criatividade que consegui dar àquela dança. Mas isso não importava. A parte importante era olhar nos olhos dela, dizendo o quanto ela estava linda e o quanto a mãe dela e eu estávamos orgulhosos. Gastei uma fortuna naquele dia. "Obrigada, papai", era todo o retorno que eu precisava receber.

Com relação a Hannah, gosto de me lembrar da viagem que ela e eu fizemos para acampar há vários anos. Encontramos um lindo lugar junto a um riacho no Colorado e passamos o fim de semana desfrutando a natureza e o Deus da natureza. Quando dirigíamos pelo Parque Nacional das Montanhas Rochosas, certa manhã, um parque com uma vista maravilhosa de tirar o fôlego, também escutávamos lindas canções de adoração que ela e eu amamos. Nunca me esquecerei das lágrimas que desciam pelo rosto de Hannah em certo momento, enquanto ela se maravilhava com a majestade de Deus e se alegrava no Seu amor. Lágrimas felizes. Lágrimas de paz. Lágrimas que diziam: "Estou apaixonada por Deus e Ele está apaixonado por mim".

O que tornou aqueles dias tão memoráveis para mim? Com Ceci, foi um lago, um violão, um cobertor e boa comida? É claro que não; essas coisas eram simples enfeites que criavam um ambiente propício. Com Sarah, foi a singularidade e a alegria da atmosfera de celebração em um casamento? Não exatamente. Fui a muitos casamentos que não deixaram tais lembranças em mim. Com Hannah, foi a beleza e a majestade das Montanhas Rochosas do Colorado? Por mais impressionantes que elas sejam e por mais que elas tenham enfeitado o dia, não foram as montanhas.

Foi a companhia.

Olhos brilhantes, sorrisos, abraços, risos, lágrimas felizes e corações com os quais eu estava conectado em um nível profundo — eles tornaram essas lembranças especiais. Era a mulher, não o lago; a garota com quem eu estava dançando, não a dança; a passageira, não o passeio. Com quem você está é o que mais importa na vida.

Construí lembranças maravilhosas com Deus, assim como com minhas três mulheres. Ele e eu rimos e choramos juntos, e sim, dançamos uma ou duas vezes. Nós nos sentamos, andamos, dirigimos e andamos de bicicleta na companhia um do outro. Subi no Seu colo e tirei cochilos, cantei canções para Ele e assisti a alguns filmes com Ele. Deus é mais que um "ser" para mim. Ele é uma companhia. Não conhecê-Lo teria sido o maior erro da minha vida.

Será que Ele sente o mesmo a nosso respeito? É claro que sim. Ele ama estar conosco. Considere o seguinte convite: *"Eis que estou à porta e bato; se alguém ouvir a Minha voz e abrir a porta, entrarei em sua casa e cearei com ele, e ele comigo"* (Ap 3:20). O Todo-Poderoso, o Criador, o Deus Eterno do Céu e da Terra solicita o prazer da sua companhia esta noite para o jantar.

Que pensamento!

Será que, assim como eu, você acha interessante que Ele *bata* à porta? Suponho que Deus pudesse simplesmente derrubá-la. Ou simplesmente passar através dela! Mas isso seria intrusão, e Deus não quer intrometer-se no seu espaço; Ele quer ser convidado para entrar. Como qualquer pessoa, Ele quer ser celebrado, não tolerado.

A palavra *cear* nesse versículo não é uma palavra genérica que se refere a comer. Essa era a palavra usada nos tempos bíblicos para a principal refeição da tarde. O novo dia judaico começava à tarde, ao pôr do sol. Nessa refeição da tarde, a família se reunia para conversar sobre os acontecimentos do dia, e o novo dia começava e era planejado. Jesus está nos dizendo nesse versículo: *"Deixe-Me entrar no seu mundo. Vamos jantar, ter comunhão e planejar o dia"*.

Tenho um amigo que costumava pôr literalmente uma mesa para ele e o Senhor todas as sextas-feiras à noite. Ele a preparava da maneira mais elaborada possível, com porcelanas finas, velas, utensílios de prata — tudo do bom e do melhor. Era um encontro semanal formal com o Senhor. Convencido de que o Pai estava presente, meu amigo falava com Ele durante a refeição. E ele ouvia. Por que ele tomou essa atitude tão radical? Para ajudar a si mesmo a se tornar conscientemente ciente de que o Senhor estava sempre presente, e para selar para sempre na sua mente e coração o fato de que Ele queria cear com ele. Era um apoio visual simples, mas poderoso.

Muitos o considerariam tolo, outros até achariam que ele precisava de ajuda psiquiátrica, mas essa medida drástica funcionou para o meu amigo. Ele aprendeu a ter comunhão com o Senhor como uma pessoa real e em um nível pessoal. Ele também aprendeu a ouvir e a discernir a voz de Deus. Essa habilidade não é um dom, mas uma arte a ser aprendida. Quando você dedica tempo para esperar e ouvir, você aprende a permitir que Deus entre no seu pensamento. Os pensamentos Dele se tornam os seus. Nesse versículo, o Senhor disse: *"Se alguém ouvir a Minha voz..."* A sugestão clara é que são os *nossos* atos, e não os Dele, que determinarão se O ouviremos ou não. Repetindo, a sensibilidade é aprendida e desenvolvida. Como as frequências de um rádio, nossas mentes e corações precisam estar sintonizados.

Há alguns anos, um de meus empregados contou a seguinte história engraçada sobre ouvir.

Enquanto minha cunhada estava ocupada na cozinha preparando o jantar e planejando várias atividades em família e na igreja, sua filha mais nova continuava a falar com ela sobre muitas coisas diferentes que eram importantes para a menina, às quais sua mãe periodicamente respondia: "Hã-hã". Finalmente, querendo fazer alguma coisa para tornar a conversa uma via de mão dupla, a garotinha cutucou o braço de sua mãe para ter sua atenção total. Quando teve certeza de que a mãe estava realmente ouvindo, ela disse: "Mamãe, por que você não fala um pouco agora e eu digo "Hã-hã"?[4]

Não consigo evitar me perguntar com que frequência Deus está batendo e chamando, apenas para descobrir que estamos tão ocupados que realmente não estamos ouvindo. Ele nunca nos tratará assim. Você nunca O encontrará tão ocupado com outros ou tão distraído dirigindo o universo a ponto de fingir que lhe dá atenção, murmurando "hã-hã" enquanto na verdade está pensando em outra coisa. Ele tem tempo abundante e sem distrações para você, e Ele quer um pouco do seu tempo em troca.

A Bíblia sugere que Deus está procurando por esse tipo de relacionamento. Desde o momento em que fomos separados Dele pelo pecado de Adão, Ele iniciou a busca. *"Onde está você?"* Ele chamou Adão e Eva enquanto eles se escondiam Dele (ver Gênesis 3:9). A Bíblia nos diz que os Seus olhos estão atentos sobre toda a Terra procurando por aqueles cujo coração seja totalmente Seu (ver 2 Crônicas 16:9).

Uma das minhas histórias favoritas da Bíblia quando eu era criança era sobre um homem chamado Zaqueu. Ele era um coletor de impostos que havia enriquecido, muito provavelmente defraudando as pessoas, cobrando-lhes mais do que elas realmente deviam. De alguma forma esse homem se apaixonou por Jesus, a ponto de subir em uma árvore para dar uma boa olhada Nele enquanto Ele passava pela vila onde Zaqueu morava. Mas Jesus quis que Zaqueu tivesse mais do que um olhar. Ele Se convidou para jantar em sua casa! *"Zaqueu, desça depressa. Quero ficar em sua casa hoje"* (Lc 19:5).

Jesus bateu e Zaqueu abriu. A visita obviamente foi impactante. Sempre é assim quando Jesus vem para jantar. *"Olha, Senhor! Estou dando a metade dos meus bens aos pobres"*, ele prometeu antes de o encontro terminar, *"e se de alguém extorqui alguma coisa, devolverei quatro vezes mais"* (Lc 19:8).

Quando foi questionado sobre por que seria o convidado de um homem que era um "pecador", Jesus simplesmente fez referência ao Seu coração que busca. *"Pois o Filho do homem veio buscar e salvar o que estava perdido"* (v. 10, grifo do autor). Ele simplesmente tem um desejo insaciável por comer com os amigos e a família e ter comunhão com eles.

Jesus estava em uma missão naquela época, e está na mesma missão agora. Ele quer construir algumas memórias com você. Da próxima vez que Ele bater, abra a porta. Faça da sua casa uma das paradas regulares para os Seus olhos que buscam.

Oração

Pai, sou muito grato pelo convite à intimidade que continua sendo feito a mim, a cada momento. Jesus, como alguém que corteja a noiva a quem adora, Tu nunca cessas de procurar impressionar o meu coração.

Oh, que o meu coração permaneça desperto para sempre receber as gentis visitações do meu Amado. Que nenhuma distração, hesitação ou sonolência sejam encontradas em mim. Que o meu coração sempre permaneça uma porta aberta para Ti, Jesus, à medida que eu amadureço na arte de discernir a Tua batida e a Tua voz. Sensibiliza-me cada vez mais aos Teus apelos com cada reação ao Teu amor.

Enquanto os Teus olhos percorrem este mundo em busca de um coração rendido com o qual possa ter comunhão, que o Teu olhar repouse sobre mim. Tu és bem-vindo para te sentares à mesa de jantar da minha alma para cearmos e conversarmos. Preciso de Ti e desejo a Tua presença nos detalhes da minha vida diária. Eu adoraria ter o prazer da Tua companhia hoje.

(Oração extraída de: Gênesis 3:9; Apocalipse 3:20; Lucas 19:10; Cântico dos Cânticos 4:9, 5; 2 Crônicas 16:9)

6

A Prioridade

Os "primeiros" podem ser bons ou ruins. O primeiro lugar geralmente é bom, assim como a primeira classe no avião e um produto de primeira qualidade. O primeiro grau geralmente é ruim, assim como a necessidade de primeiros socorros. A primeira metade de alguma coisa e o primeiro tempo de um jogo também podem ser bons ou ruins, dependendo da ocasião. Enquanto pensava neste capítulo, lembrei-me de diversos de meus "primeiros" e de um pensamento com uma ou duas palavras sobre eles. Eis aqui dez deles:

- Primeiro jogo de beisebol da liga nacional (admiração)
- Primeiro dia de aula (intimidado)
- Primeira bicicleta (rápida)

- Primeiro carro (calhambeque)
- Primeira vez que vi uma TV colorida (hipnotizado)
- Primeiro encontro com Ceci (não tem preço)
- Primeira vez que vi as minhas duas filhas (amor)
- Primeira troca de fralda suja (náusea)
- Primeiro telefone celular (pesado)
- Primeiro sermão (boa tentativa)

Listar alguns dos meus primeiros foi divertido. Alguns foram extremamente importantes, outros apenas merecem ser lembrados. O mesmo aconteceria se você fizesse uma lista. Há um primeiro, entretanto, que é essencial e que todos nós precisamos ter em comum. Jesus se referiu a ele como o nosso *"primeiro amor"*. Quando escreveu à igreja de Éfeso, Ele disse: *"Contra você, porém, tenho isto: você abandonou o seu primeiro amor"* (Ap 2:4).

A palavra grega traduzida como "primeiro" nessa passagem é *protos*, que significa "primeiro em tempo, lugar, ordem ou importância". Considerando que seria ilógico presumir que Cristo teria sido a primeira pessoa que cada um deles tinha amado, parece razoável concluir que Ele estava usando a palavra no sentido de importância. "Vocês abandonaram o amor que deveria ser a sua prioridade número 1", foi o que Ele obviamente quis dizer.

A raiz da palavra *protos* é *pro*, que significa "superior a" ou "na frente de", e é de onde tiramos a palavra *profissional*. Um profissional é alguém que é superior aos outros em determinada área. Sou um jogador de golfe e Phil Mickelson também é. Mas há uma grande diferença entre nós: ele é um profissional e eu sou um amador. Observar cada um de nós dar uma tacada não deixaria dúvidas quanto à diferença.

Fazer compras é outra atividade realizada tanto por profissionais quanto por amadores. Faço compras de vez em quando — quando Deus está me punindo por excesso de velocidade ou por qualquer outro pecado. Sou um comprador amador e não tenho desejo de ser nada além disso. Ceci, no entanto, é uma profissional. E felizmente ela ama fazer compras. Chegamos ao estado glorioso em nosso casamento em que ela não me obriga mais a comprar presentes no seu aniversário ou no Natal. Ah, pego algumas lembrancinhas e surpreendo-a de vez em quando com um presente realmente legal como uma torradeira ou uma luminária, mas normalmente é ela que faz todas as compras. Por quê? Ela prefere comprar o que ela mais gosta e lhe cai bem. Então eu compro cartões-presente para ela — cartões muito bonitos com imagens muito legais — nas lojas certas. Assim, ambos fazemos o que fazemos melhor: eu assisto ao futebol e ela faz compras. A vida é boa.

Quando inserimos a definição literal de *pro* e *protos* no contexto de Apocalipse 2:4, fica claro o que Jesus estava dizendo: o relacionamento com Ele deve estar "na frente" de todos os outros ou "ser superior a" todos os outros. Ele quer ser o nosso amor "prioritário". Ele nos disse em outra passagem que amá-Lo é o primeiro e o principal de todos os outros mandamentos (ver Mateus 22:38).

Isso nos leva a perguntar por que — por que Deus exige ser o primeiro? Será que Ele é soberbo ou egocêntrico, exigindo que façamos Dele o centro das atenções? Ou Deus é inseguro e precisa da nossa afirmação? A resposta para essas duas perguntas, naturalmente, é um retumbante não. O Senhor é autoconfiante e seguro de Si, mas essa confiança é filtrada através da máxima humildade. Ele não tem problemas de orgulho ou insegurança. Por que, então, Deus quer ser o número 1?

O motivo pelo qual Deus deve ser o primeiro em nossas vidas é profundo tanto em simplicidade quanto em importância: *o verdadeiro propósito da criação dos homens foi o relacionamento com Deus*. Fomos formados para sermos um em espírito com Ele, unidos a Ele como um marido à sua esposa. A Bíblia diz em 1 Coríntios 6:17: *"Mas aquele que se une ao Senhor é um espírito com Ele"*. A nossa união com Ele nos completa. Há um lugar no coração de cada ser humano que Deus criou unicamente para Si. Ponto final. Se não entendermos isso corretamente, a vida ficará fora de ritmo; as peças não se encaixarão. Nada mais pode preencher esse vazio, sejam outras pessoas, dinheiro, prazer ou realizações. E com certeza nem a religião. Não fomos criados para nos conectar a um sistema, mas a uma pessoa.

Deus entende isso, é claro, e em nosso benefício nos lembra do Seu amor por nós e da necessidade que temos Dele. A nossa ligação com Ele afeta tudo, inclusive todos os outros relacionamentos. Deus é amor, e conhecê-Lo desperta amor em nós, tanto por Ele quanto pelos outros (ver 1 João 4:7-8). Quanto mais nos conectarmos a Deus e à Sua natureza amorosa, melhores amantes seremos para nossas famílias, amigos e semelhantes. Na verdade, no versículo anterior o Senhor nos diz que aquele que não ama não O conhece. O ponto de partida para toda a vida é conhecer e amar a Deus. Se aquilo que é primordial não vier em primeiro lugar, tudo o mais ficará fora de ordem.

O contexto da advertência em Apocalipse 2:4 faz alusão a esse princípio. Nos versículos anteriores, Cristo fez uma avaliação dos efésios que qualquer cristão ficaria radiante em receber. Leia-a com muita atenção:

> *Conheço as suas obras, o seu trabalho árduo e a sua perseverança.*
> *Sei que você não pode tolerar homens maus, que pôs à prova os*
> *que dizem ser apóstolos mas não são, e descobriu que eles eram*
> *impostores. Você tem perseverado e suportado sofrimentos por*
> *causa do Meu nome, e não tem desfalecido. Contra você, porém,*
> *tenho isto: você abandonou o seu primeiro amor.*
>
> Apocalipse 2:2-3

Que crente não ficaria radiante em ouvir esse elogio? A maioria de nós não conseguiria receber uma nota alta em todas essas áreas. Mas Cristo deixa claro que essas realizações não são o centro da questão. Um bom desempenho não pode tomar o lugar da intimidade com Ele. Se permitirmos que isso aconteça, nossas boas obras sempre resultarão em religião vazia, *não satisfazendo nem a Deus nem a nós*. Nosso desempenho deve fluir do nosso relacionamento com Ele, e nunca substitui-lo ou ser igualado a ele.

Também é importante entender que o nosso primeiro amor, ou o nosso amor prioritário, não se baseia em emoções ou sentimentos. Não seria realista pensar que podemos manter o mesmo nível de entusiasmo emocional que costuma acontecer quando inicialmente conhecemos a Cristo. Sentir esse clímax emocional constantemente não é uma expectativa razoável em qualquer relacionamento, seja com o nosso cônjuge, com um amigo ou com o Senhor. As emoções são instáveis — elas vêm e vão com base no nosso humor e nas circunstâncias. O amor, entretanto, não é uma emoção; ele é uma escolha, assim como as prioridades. O amor é escolhido; não "caímos" de amores ou deixamos de "cair" de amores. Nem sempre "sinto" o meu amor por minha esposa e filhas, mas sempre as amo. Elas são e continuarão sendo as minhas prioridades máximas aqui na Terra.

Casamentos edificados sobre sentimentos se transformam em divórcios; criar filhos com base nas emoções gera filhos destituídos de pais e de mães; e os cristãos que baseiam sua busca por Deus nos sentimentos e nas emoções se tornam mornos, sem paixão e indiferentes. Talvez não cheguem a se desviar da fé, mas sempre deixarão o primeiro amor. Isso é muito triste, além de ser totalmente evitável.

Davi, o grande salmista e rei de Israel, demonstrou o perigo de se perder o primeiro amor. Conhecido como um dos homens mais apaixonados na sua busca por Deus, Davi amava estar com Ele. *"Eu amo, Senhor, o lugar da Tua habitação, onde a Tua glória habita"*, disse Davi ao Senhor (ver Salmo 26:8). Houve um tempo, porém, em que ele começou a fazer concessões e outras paixões começaram a ter mais importância do que Sua paixão por Deus. O sucesso pode ser um ladrão, roubando de nós o zelo que foi responsável pela conquista, e isso aconteceu com Davi. Foi o seu coração zeloso pelo Senhor que conquistou o trono para Davi, e não os seus dons ou a sua aparência (ver 1 Samuel 16:7). Mas o sucesso enfraqueceu esse zelo, e finalmente os prazeres do palácio substituíram o prazer da companhia de Deus.

Quando Davi começou a abrir concessões grandes o suficiente, a tentação se apresentou diante dele. É sempre assim que acontece. Jesus nos advertiu de que a tentação viria, não em momentos aleatórios, mas no tempo *kairós* (ver Lucas 8:13). *Kairós* significa "tempo estratégico ou oportuno; o tempo certo". Satanás e seus demônios observam e esperam que o tempo certo chegue. Eles têm praticado há seis mil anos e conhecem bem a sua arte. O tentador sabe que quando o escudo do nosso compromisso de amor está abaixado, o potencial para abrirmos concessões aumenta.

Do terraço de seu palácio, Davi viu uma bela mulher banhando-se. Por ele ter perdido o poder que o sustentava, que vinha do seu relacionamento de primeiro amor com Deus, Bate-Seba entrou em sua vida. O pecado de Davi resultou na gravidez dela, que o levou a causar a morte de seu marido, um homem justo chamado Urias, para que ele pudesse casar-se com ela. Como Davi, um homem segundo o coração de Deus, pôde cair em tamanha depravação? Um passo de cada vez, começando com a perda do seu primeiro amor. Ele finalmente o recuperou, mas foi um processo longo e doloroso que envolveu grande sofrimento e perda.

Se Cristo é atualmente o número 1 em sua vida e você está desfrutando o prazer da Sua companhia, proteja esse relacionamento como se fosse um tesouro. Não permita que nada se interponha entre vocês. Mas se você, como Davi ou a igreja de Éfeso, permitiu que outras coisas assumissem a prioridade sobre o seu relacionamento com Ele, refaça sua lista de prioridades. Faça novamente do Senhor o *protos* — superior a tudo o mais. E se você ainda não descobriu a Cristo como o seu primeiro amor e alma gêmea — bem, prepare-se para descobrir por que você existe.

Alegrias incríveis esperam por você.

Oração

Pai, Tu és santo, incomparável e superior de todas as formas. O Teu Nome, Jesus, está acima de todos os outros nomes. Ocupas o lugar da mais alta honra e tudo o mais deve se curvar aos Teus pés.

Tu és o perpétuo Rei-Criador, mas escolhes ter comunhão comigo. Jesus, Tu és digno da minha zelosa devoção. Tu és digno do meu amor, do qual não me envergonho.

Espírito Santo, sonda o meu coração e mostra-me onde falhei em dar a Deus o lugar mais elevado. Revela-me as maneiras pelas quais eu fiz concessões no meu compromisso contigo, abandonando o meu primeiro amor. Obrigado por atrair com ternura o meu coração desviado de volta à prioridade de Te amar e de receber o Teu amor.

Jesus, quero realmente viver a minha vida com base no primeiro mandamento, amando a Ti em primeiro lugar e plenamente, e a partir disso compartilhar o Teu amor com o mundo. O desejo do meu coração é que em todas as coisas Tu tenhas a preeminência. Sem a Tua liderança amorosa, sou incompleto. Que nada mais substitua o prazer da Tua companhia.

(Oração extraída de Filipenses 2:9; Efésios 1:18-22; Apocalipse 2:4; Mateus 22:38; Colossenses 1:17-18; Salmos 51:10-13; Oséias 2:14, 19; 1 Coríntios 13:1-3)

A Decisão

E aconteceu que, indo eles de caminho, entrou Jesus numa aldeia;
e certa mulher, por nome Marta, O recebeu em sua casa. E tinha
esta uma irmã chamada Maria, a qual, assentando-se também
aos pés de Jesus, ouvia a Sua palavra. Marta, porém andava
distraída em muitos serviços; e, aproximando-se, disse: "Senhor,
não se Te dá de que minha irmã me deixe servir só? Dize-lhe que
me ajude". E respondendo Jesus, disse-lhe: "Marta, Marta, estás
ansiosa e afadigada com muitas coisas, mas uma só é necessária;
e Maria escolheu a boa parte, a qual não lhe será tirada".

Lucas 10:38-42, ACF

Essa é uma das minhas passagens favoritas da Bíblia — e uma das minhas menos favoritas também. Embora confirme as paixões do meu coração, ela também me traz convicção sobre as decisões da minha mente. Em meu coração, sou como Maria: amo os meus tempos a sós com o Senhor e os momentos em que me encontro me deleitando em Sua presença. Outras vezes, entretanto, a vida me obriga a entrar no modo Marta e me vejo aprisionado em um labirinto de programações implacáveis de onde aparentemente não há saída. A vida é um exercício de equilíbrio constante, e com frequência a balança pende para o lado errado. As coisas mais importantes — Deus, família e uma boa saúde — às vezes são superadas pela conhecida tirania do que é urgente. Se não tomarmos cuidado, o nosso sonho dourado pode se tornar um pesadelo. Estou certo de que todos enfrentam desafios semelhantes.

A passagem bíblica sobre Maria e Marta está carregada de percepções úteis para nos ajudar a superar essa tendência. Para encontrar essas pepitas preciosas, precisamos cavar abaixo da superfície e estudar algumas das palavras utilizadas neste texto, mas eu lhe garanto que o tesouro escondido nela vale muito o esforço. Vamos começar com duas palavras gregas usadas na simples afirmação: *"Maria... ouvia a Sua palavra"*. "Ouvir" é *akouo*, uma palavra que, dependendo do contexto, tem uma ampla variação de significados. Pode significar simplesmente "escutar", mas, às vezes, traz consigo o significado mais forte de "entender, escutando com os ouvidos da mente; efetivamente ouvir de modo a fazer o que é dito".

"Palavra" é *logos*, que não é o termo grego usual para palavras faladas (nesse caso, o termo seria *rhema*). Logos inclui a ideia de palavras faladas, mas tem o significado adicional de "conectar" ou "ligar" palavras a fim de transmitir pensamentos e mensagens. Portanto, *logos* incorpora a lógica que as palavras estão comunicando: o conteúdo. É fácil perceber a conexão com a nossa palavra "lógica", que claramente se origina de *logos*.

Maria estava sentada tranquilamente, ouvindo com atenção o que Jesus dizia, portanto, ela ouviu mais do que meras palavras. Ela *entendeu a mensagem* que estava sendo transmitida por tais palavras. Ela fez a conexão. As palavras de Jesus penetraram o seu coração e mente, gerando conhecimento, criando paradigmas e moldando crenças.

Os brinquedos Lego, aqueles blocos de construção com os quais as crianças brincam, também derivam de *logos*, e representam uma excelente imagem do que estava acontecendo com Maria. Os blocos de Lego se encaixam a fim de construir estruturas — prédios, pontes, etc. — da mesma forma que as palavras se unem para construir pensamentos. As palavras do Senhor estavam se "conectando" em Maria, construindo uma fundação para a sua vida e criando uma grade de sustentação para os seus paradigmas e crenças.

Marta, por sua vez, estava ocupada com muitos serviços. Na verdade, ela estava tão ocupada que o Senhor disse que ela estava *"distraída"*. O significado literal da palavra grega usada é muito mais forte do que estar distraída, e a imagem que ela transmite é brutal: "Arrastar-se andando em círculos".

O ponto que quero enfatizar é importante. Marta estava mais do que apenas distraída. Sua tendência ao excesso de atividade havia desequilibrado a vida dela. Enquanto Maria desfrutava o *prazer* da Sua companhia, Marta estava experimentando a *pressão* da Sua companhia. Uma coisa é experimentar a frustração de não ser produtivo; outra coisa é complicar ainda mais a falta de produtividade com o esgotamento, e sair arrastando pesos desnecessários por aí. Eclesiastes, o livro da Bíblia no qual Salomão esboçou sua frustração com a vida, nos diz: *"Deus nos fez simples e direitos, mas nós complicamos tudo"* (Ec 7:29, NTLH).

Sempre senti que a última parte desse versículo é verdadeira no que se refere às mulheres. E já me disseram que a primeira parte se aplica a nós, homens. Mas, na verdade, o versículo se aplica a todos nós! Permitimos que a vida saia de controle e se torne complexa demais. Precisamos descomplicar as coisas. Paulo disse à igreja de Corinto: *"Mas temo que, assim como a serpente enganou a Eva com a sua astúcia, assim também sejam de alguma sorte corrompidos os vossos entendimentos e se apartem da simplicidade e da pureza que há em Cristo"* (2 Co 11:3, AA, grifo do autor).

Enquanto Maria desfrutava o simples prazer da Sua companhia, Marta estava permitindo que aquilo complicasse ainda mais a sua vida. Seja como

Maria — aja com simplicidade quando estiver aos pés Dele!

Há outra palavra que acrescenta uma percepção muito mais ampla à correção mansa, mas reveladora, que o Senhor faz a Marta. Jesus lhe disse que ela andava distraída em *"muitos serviços"*. A palavra usada aqui (*diakonia*) também é a palavra grega utilizada para "ministério". Nas Escrituras, não há distinção entre servir ou ministrar a alguém no sentido geral, ou fazer isso no que passamos a chamar de "ministério". No que se refere a Deus, quer estejamos servindo a um membro da família, a um amigo ou à congregação, todos somos pastores. Diga aos seus amigos para começarem a chamá-lo de reverendo!

As palavras usadas pelo Espírito Santo nessa passagem foram escolhidas cuidadosamente a fim de nos transmitir um entendimento fundamental: *não importa o quão importantes ou nobres as nossas atividades possam ser, inclusive trabalhar para Deus, elas não superam o tempo que passamos* com *Ele*. Nada que possamos fazer na vida é mais importante que manter Cristo como a nossa prioridade número 1. Suas palavras nos dão equilíbrio — elas mantêm as nossas vidas equilibradas. Assim como os brinquedos Legos, elas formam as crenças, o entendimento e a sabedoria que podemos usar para construir as nossas vidas. Elas nos dão estrutura e força.

Se as nossas bases não foram assentadas com a força e a sabedoria encontradas nas Suas palavras, elas racharão sob pressão. O Senhor usou essa analogia com Josué quando ele estava prestes a assumir o papel de liderança de Moisés (ver Josué 1:1-9). Que tarefa assustadora! Jeová disse a Josué para ouvir atentamente as Suas palavras e para lembrar-se delas, lembrando ao novo líder de Israel que elas lhe trariam sucesso e prosperidade. Em seguida, o Senhor deu a ele uma ordem interessante: *"Não se apavore, nem desanime"* (v. 9).

"Desanimar" é traduzido da palavra hebraica *chathath*, que significa "quebrar". Spiros Zodhiates, um estudioso da Bíblia, diz: "O significado varia de uma quebra literal à destruição abstrata, à desmoralização e finalmente ao pânico". Ele o assemelha ao conceito que utilizamos atualmente de "rachar sob pressão".[5] Deus estava dizendo a Josué para "relaxar", para não deixar que o estresse tomasse conta dele.

O Senhor sabia que a missão de Josué seria difícil. Possuir a terra exigiria mais do que acampar no deserto. Acampar no deserto envolvia o estresse da vida diária, enquanto possuir a terra acrescentaria a isso todas as dificuldades da guerra. As pressões que estariam sobre Josué seriam extremas. Como ele poderia evitar sucumbir diante do estresse? O que manteria sua calma e sua alegria? A solução seria ouvir (*akouo*) e construir com as palavras (*logos*) de Deus. Para você e para mim, a solução será a mesma.

Por mais agitada que a sua vida tenha se tornado, desacelere por alguns minutos a cada dia e ouça-O. Desça da esteira rolante da vida e passe algum tempo de qualidade desfrutando do prazer da Sua companhia. Não deixe que nada o impeça. Com a simplicidade de uma criança, vá dar uma volta com Deus.

O jovem Tommy havia sido uma inesperada "raspa de tacho" para seus pais, e ele continuou a surpreender e a dar alegria à sua família com suas expressões espontâneas de amor. Pouco depois de completar cinco anos de idade, Tommy perguntou à sua mãe:

— Quantos anos você tinha quando eu nasci?

Ao saber que ela estava com trinta e seis anos de idade, ele exclamou:

— Que pena!

Um pouco surpresa, sua mãe lhe perguntou o que ele queria dizer. A resposta de Tommy foi:

— Fico triste só de pensar em todos aqueles anos em que nós não nos conhecemos![6]

Aprenda uma lição com Tommy. Não permita que mais um dia — e muito menos mais um ano — se passe sem que você O conheça intimamente.

Oração

Como é amável o lugar da Tua habitação, Pai. É ali que o meu coração anseia estar, aprendendo do Teu coração e dos Teus caminhos, contemplando a Tua beleza majestosa.

Arrependo-me por me deixar envolver pelos afazeres do dia a dia que me afastam da coisa mais importante: o tempo passado em devoção a Cristo, em pureza e simplicidade. Jesus, não quero ser um ouvinte casual. Quero me sentar aos Teus pés e ouvir atentamente enquanto falas amorosamente. Seja um toque alto de trombeta ou um sussurro suave, quero seguir cada instrução do Teu coração.

Pai, peço-Te sabedoria e revelação, que eu possa verdadeiramente conhecer o Teu Filho. Espírito Santo, ajuda-me a aplicar o meu coração a entender as mensagens do Pai, de tal modo que elas penetrem e transformem cada parte de mim.

Que a minha vida seja fundamentada na sabedoria da Tua Palavra, que me leva a andar no temor do Senhor, a colocar de lado todas as outras coisas em submissão, e a permanecer contigo, meu Rei. Jesus, hoje escolho desacelerar e Te convido a passar um tempo juntos, no qual conectaremos os nossos corações um ao outro. Mais uma vez, deixa-me desfrutar o prazer da Tua companhia.

(Oração extraída de: Salmos 27:4; Lucas 10:38-42; 1 Reis 19:12-13; Provérbios 2; 2 Coríntios 11:3; Hebreus 12:1; João 15:1-11)

8

As Distrações

No capítulo anterior, começamos a examinar o relato bíblico de Maria e Marta, duas irmãs que receberam Jesus em sua casa. Enquanto Marta estava distraída, preparando uma refeição para Ele, Maria estava sentada aos pés do Senhor ouvindo e entendendo as Suas palavras. Esta passagem é tão cheia de revelação que merece outra olhada.

E aconteceu que, indo eles de caminho, entrou Jesus numa aldeia; e certa mulher, por nome Marta, O recebeu em sua casa; E tinha esta uma irmã chamada Maria, a qual, assentando-se também aos pés de Jesus, ouvia a Sua palavra. Marta, porém andava distraída em muitos serviços; e, aproximando-se, disse: "Senhor,

não se Te dá de que minha irmã me deixe servir só? Dize-lhe que
me ajude". E respondendo Jesus, disse-lhe: "Marta, Marta, estás
ansiosa e afadigada com muitas coisas, mas uma só é necessária;
E Maria escolheu a boa parte, a qual não lhe será tirada".

Lucas 10:38-42, ACF

Já reconheci a minha tendência de ser igual a Marta. Afinal, sou alguém importante! Uma pessoa certa vez me deu um boné com duas abas — uma apontando para a direita, a outra para a esquerda — com as palavras impressas: "Sou o líder deles. Para onde eles foram?"

Ainda o uso com orgulho!

Tristemente, tenho de dizer que esse boné é muito apropriado! Houve um tempo em que eu precisava apenas de dois de mim para realizar todas as coisas "urgentes" e "importantes" que fui "chamado" para fazer. Agora preciso de três de mim. E o meu ministério de Marta ainda está crescendo — em breve precisarei ser onipresente!

Jesus discordava dessa perspectiva do ministério. De uma maneira amorosa, porém severa, Ele disse a Marta que ela estava *"ansiosa e afadigada com muitas coisas"* (v. 41). Isso não é bom, principalmente quando damos uma olhada mais profunda nessa afirmação. "Ansiosa" é *merimnao*, que tem na raiz do seu significado o conceito de dividir ou separar alguma coisa. É revelador o fato de que a ansiedade é definida por uma mente "dividida". Quando estamos ansiosos com alguma coisa, por mais que queiramos focar em outras coisas, uma parte da nossa mente continua sendo atraída para a nossa preocupação. Nossa mente, portanto, é descrita como sendo "dividida em partes", uma expressão usada para definir *merimnao*. Marta, ao que parece, tinha tanta coisa acontecendo em sua vida que sua mente estava dividida entre muitas preocupações; *"muitas coisas"* foi a expressão que Jesus usou. E como acontece com todos nós às vezes, Marta não estava conseguindo equilibrar todos os pratos em sua vida tão bem quanto ela pensava. Ela estava *"ansiosa e afadigada"*.

Marta certamente era alguém motivada pelo serviço. Ela era provavelmente uma daquelas pessoas habilidosas que podem fazer várias coisas ao mesmo tempo, e é bem provável que fosse uma pessoa que trabalhava duro. Nesse caso, porém, era Maria que estava certa. Dedicar-se a várias tarefas ao mesmo tempo pode ser bom, mas não quando Jesus está falando.

Em uma entrevista para a revista *Today's Christian Woman*, a escritora e conferencista Carol Kent disse:

> Um dia, quando [meu filho] Jason era pequeno, estávamos tomando o café da manhã juntos. Eu vestia uma calça velha e um suéter desbotado. Ele me olhou com os seus olhos azuis por cima do copo de leite e disse:
> — Mamãe, você está tão bonita hoje!
> Eu nem estava maquiada! Então eu disse:
> — Querido, por que você acha que eu estou bonita hoje? Normalmente estou vestida com um terninho e sapatos altos.
> Então ele disse:
> — Quando você está vestida assim, eu sei que você está indo a algum lugar; mas quando você está vestida como hoje, sei que você é toda minha.[7]

O Senhor valoriza o trabalho árduo, e Ele sabe que, às vezes, vamos estar muito ocupados. Mas, assim como Jason, Ele também quer os momentos em que somos totalmente Dele. Tire seu boné e sente-se por algum tempo.

A palavra *afadigada* também é dolorosamente reveladora. É a palavra grega *turbazo*, que deriva da palavra latina *turba*, cujo significado é "abarrotar". O dicionário Webster diz que "incomodar", "perturbar" e "turbulento" são todas derivadas da mesma palavra.[8] Quando a vida fica "abarrotada" demais, ficamos incomodados. Perturbação vem em seguida, depois turbulência. Como um avião voando através de uma tempestade, nossas emoções sobem e descem, deixando-nos de mau humor e irritáveis. Nossa saúde sofre, assim como os nossos relacionamentos. Marta não estava apenas irritada com Maria, ela estava até um pouco aborrecida com Jesus. *"Senhor, não se Te dá de que minha irmã me deixe servir só? Dize-lhe que me ajude"*, ela resmungou. Despejar ordens a Deus com um tom de acusação provavelmente gerou um pouco de turbulência naquela sala cheia de pessoas!

No entanto, Maria não era o problema, e Jesus com certeza também não. Marta simplesmente precisava tirar o seu boné, desacelerar e ouvir. Sua mente abarrotada não conseguia bloquear todo aquele barulho. Muitos escritórios de hoje têm geradores de ruído ambiente. Eles emitem um som constante, mas suave, baixo o suficiente para não incomodar, porém alto o bastante para abafar outros ruídos. Eles são usados em centrais de telefonia para abafar outras vozes, em consultórios de aconselhamento para aumentar a privacidade, e em diversos outros ambientes profissionais.

O gerador de ruído ambiente de Marta era o seu serviço a Cristo. É impressionante, mas é verdade. Pode acreditar, eu entendo isso. O gerador dela era o tilintar de copos, o bater de portas de armários e o barulho de outros objetos na cozinha; o meu gerador é o ruído interno causado por viajar, pregar e ensinar, escrever, dirigir a escola bíblica, correspondências, reuniões, e muito mais. Tudo isso é bom, mas não quando abafa a voz do Mestre. O seu gerador de ruído ambiente pode ser dirigir um negócio, pregar pregos, fazer contabilidade, criar filhos, as mídias sociais ou até um passatempo. Não importa qual seja, simplesmente desligue-o de vez em quando.

Maria não tinha nada disso. Ela estava hipnotizada com as palavras Dele. Sua atitude era: "Se Jesus quiser comer alguma coisa, é melhor que Ele pare de ensinar. Porque enquanto Ele não parar, não vou sair deste lugar".

Por que Marta não se sentia assim? Talvez fosse sua personalidade, ou quem sabe Jesus tivesse passado a ser demasiadamente familiar para ela? Os estudiosos concordam que Jesus gostava muito de Marta, Maria e de seu irmão Lázaro, e ficava na casa deles quando estava na região. Será que

Marta O havia ouvido tanto que a empolgação foi se desgastando? Será que isso acontece conosco?

Na revista *Cristianismo Hoje*, Philip Yancey escreveu:

Lembro-me da minha primeira visita ao *Old Faithful*, no Parque Nacional de Yellowstone. Grupos de turistas japoneses e alemães cercaram o gêiser, com suas videocâmaras apontadas como armas sobre o famoso buraco no solo. Havia um grande relógio digital ao lado do local, prevendo 24 minutos até a próxima erupção.

Minha esposa e eu passamos a contagem regressiva no restaurante do hotel Old Faithful Inn, que tinha vista para o gêiser. Quando o relógio digital mostrou que faltava 1 minuto, nós, com todos os outros que jantavam ali, saímos dos nossos lugares e corremos para a janela para ver o grande espetáculo feito pela água.

Percebi que imediatamente, como se atendendo a um sinal, uma equipe de garçons e atendentes foi às mesas para completar copos de água e retirar os pratos sujos. Quando o gêiser entrou em atividade, nós, turistas, exclamamos oh e ah e batemos fotos; alguns aplaudiam espontaneamente. Mas, quando dei uma olhada para trás, vi que nem um único garçom ou atendente — nem mesmo aqueles que haviam terminado suas tarefas — olhava pela enorme janela. O *Old Faithful* havia se tornado totalmente rotineiro e perdera o seu poder de impressioná-los.[9]

Temo que isso descreva o relacionamento de muitos cristãos com Aquele a quem chamamos de Fiel e Verdadeiro. Nós O conhecemos há tanto tempo, ficamos tão acostumados com Ele, que, bem, você sabe...

Nunca deixe de ficar impressionado com Jesus!

É interessante que as pessoas nessa história que haviam perdido o seu encanto pelo *Old Faithful* eram "pessoas da cozinha" — exatamente como Marta. Saia da cozinha de vez em quando. Desacelere. PARE!

Lute com todas as forças para ter um tempo de qualidade aos pés Dele e nunca perca a fome pelo prazer da Sua companhia.

Oração

Pai, eu Te agradeço por nunca deixares de Te comunicar comigo. Mas muitas vezes deixo que a Tua voz seja abafada por outros ruídos e permito que outros amores roubem o meu tempo contigo. Preciso voltar àquilo que é mais importante. Tu és digno das mais elevadas paixões do meu coração.

Jesus, eu Te agradeço por responderes ao meu coração arrependido e por Te aproximares de mim. Desejo viver totalmente rendido com um coração puro que Te honre em todas as coisas. Que o meu coração seja cativado pelo Teu coração e hipnotizado pelas Tuas palavras, vez após vez.

Retiro agora o jugo árduo das muitas tarefas diárias e o fardo pesado do ativismo e os deposito na Tua cruz. Não posso mais deixar que a minha saúde, a minha disposição ou os meus relacionamentos sofram novamente à mercê das distrações da vida — preciso de equilíbrio. Espírito Santo, ajuda-me a escapar continuamente do tumulto e a bloquear todo o barulho.

Hoje, escolho parar de correr de um lado para o outro, para que com singeleza de coração eu possa descansar aos Teus pés, Jesus, e seja lavado nas Tuas palavras e no Teu amor. Que as distrações do dia a dia nunca obstruam a minha vida, impedindo oportunidades preciosas de desfrutar o prazer da Tua companhia.

(Oração extraida de: Lucas 10:38-42; Tiago 1:7-8, Tiago 4:8; Salmos 86:11; Mateus 11:29-30; Salmos 46:10; Salmos 23:1-3)

9

A Escolha

Vou arrancar as portas do seu carro!

Não pude mais conter minha frustração naquela manhã em especial, quando viajava para ensinar no Instituto Cristo para as Nações, em Dallas, no Texas. Eu estava atrasado naquele dia e, como sempre acontecia, minha filha de três anos de idade, Sarah, estava comigo para poder assistir às aulas da pré-escola.

Quando saímos do nosso condomínio, acabamos ficando atrás de um homem idoso que dirigia uma velha camionete a 30 quilômetros por hora. Depois de segui-lo por cerca de cinco minutos em uma estrada rural que não oferecia condições de ultrapassagem, finalmente entramos em uma rodovia de quatro pistas. A essa altura, eu havia perdido totalmente a minha paciência, e enquanto passava voando pelo veículo dele, resmunguei:

"Cara, eu vou passar como um vento e arrancar as portas do seu carro!"

Sarah ficou quieta durante os três ou quatro quilômetros seguintes, o que me pareceu incomum. Então, com um forte tom de preocupação em sua voz, ela perguntou: "Papai, por que você vai arrancar as portas do carro daquele homem?" Recentemente, enquanto assistia a um desenho, ela ouviu a história dos *Três Porquinhos* e do grande lobo mau que derrubou as casas deles com um sopro. Agora ela estava me imaginando literalmente derrubando as portas da camionete daquele homem com um sopro! Era óbvio que ela estava pensando nisso sem parar desde que ouviu a minha exclamação, e ficou muito amedrontada e desconcertada.

Tente explicar a uma criança de três anos de idade por que ultrapassar um carro é algo que alguns descrevem como "arrancar as portas dele". E, naturalmente, ela precisava saber que eu realmente não desgostava daquele cavalheiro idoso, mas apenas do modo dele dirigir.

Dois quilômetros mais adiante, passei por outro carro e disse:

— Você quer sair do meu caminho?!

— Papai, com quem você está falando?

— Com o homem no carro que acabamos de ultrapassar.

— Ele pode ouvir você? — Ela perguntou muito sinceramente.

— Não, é claro que não — respondi.

— Então por que você está falando com ele? — foi a sua pergunta lógica seguinte.

Pensei em explicar a ela que isso é algo muito sensato a fazer porque alivia o estresse e faz com que a experiência de dirigir seja muito mais satisfatória e pacífica para o motorista, mas não achei que uma criança de três anos de idade entendesse uma lógica tão profunda.

Depois dessa experiência esclarecedora, percebi que precisaria tomar mais cuidado com o que eu dizia. Meus filhos estavam me ouvindo.

Às vezes, as crianças ouvem melhor do que nós, adultos. Vimos o fracasso de Marta em ouvir a Cristo enquanto Ele ensinava em sua casa. Vamos dar mais uma olhada nessa passagem poderosa. Ainda há mais algumas pérolas escondidas nela que são boas demais para deixarmos passar.

E aconteceu que, indo eles de caminho, entrou Jesus numa aldeia; e certa mulher, por nome Marta, O recebeu em sua casa. E tinha esta uma irmã chamada Maria, a qual, assentando-se também aos pés de Jesus, ouvia a Sua palavra. Marta, porém andava distraída em muitos serviços; e, aproximando-se, disse: "Senhor, não se Te dá de que minha irmã me deixe servir só? Dize-lhe que me ajude". E respondendo Jesus, disse-lhe: "Marta, Marta, estás ansiosa e afadigada com muitas coisas, mas uma só é necessária. E Maria escolheu a boa parte, a qual não lhe será tirada".

Lucas 10:38-42, ACF

O Senhor fez uma declaração importante para Marta, dizendo a ela que apenas algumas coisas são realmente necessárias na vida. Até aqui, tudo bem. Comida, água, abrigo, oxigênio — a lista de coisas realmente essenciais é curta. Então, Jesus deixou cair a bomba: *"Na verdade, apenas uma coisa é necessária".*

Ele me tinha, mas com essa Ele me perdeu.

Estou pronto a admitir que muitas das minhas "coisas essenciais" na vida realmente não são essenciais. A maioria delas é para conforto, prazer ou satisfação pessoal. Mas a afirmação aparentemente absurda de que só uma coisa na vida é realmente necessária é bem difícil de engolir. Mas foi exatamente o que Jesus disse, e temos de lidar com isso.

Associando essa afirmação à decisão de Maria de se sentar aos pés do Senhor e ouvir as Suas palavras torna o que Ele quis dizer bastante óbvio. Eis a minha opinião sobre o que Jesus quis dizer: *"Marta, se você realmente se conectar comigo, tudo o mais na vida se encaixará no seu lugar. A ordem será estabelecida; os relacionamentos farão sentido; Eu guiarei os seus passos para um propósito e um destino; Eu a ensinarei a prosperar — tudo funcionará bem se você simplesmente Me ouvir".*

Ou Jesus era um líder de seita muito arrogante e que enganava a si mesmo, o que significaria que deveríamos buscar a verdade em outro lugar, ou Ele era e é Deus, o que faz Dele a personificação da verdade. Se

Ele é Deus, e nós cremos que Ele é, isso faz da Sua proposta a Marta — e a todos nós também — uma das propostas mais impressionantes de todos os tempos. *"Tudo o que você realmente precisa fazer para desfrutar de uma vida bem-sucedida e agradável é Me ouvir. O prazer da Minha companhia também será a fonte do seu sucesso, realização e bem-estar"*.

Chocante, incrível, maravilhoso, generoso... e simples.

Mas a vida se complica. O ritmo acelera, a lista de afazeres aumenta e o lado Marta da nossa natureza entra em ação. Então, a voz do Mestre é abafada pelo ritmo da vida. Quando isso acontecer, e *acontecerá*, a solução é voltar à estratégia simples de Maria: sentar-se e ouvir. Vamos ver de novo o que o apóstolo Paulo disse sobre a igreja de Corinto: *"Paulo disse à igreja de Corinto: "Mas temo que, assim como a serpente enganou a Eva com a sua astúcia, assim também sejam de alguma sorte corrompidos os vossos entendimentos e se apartem da* simplicidade *e da pureza que há em Cristo"* (2 Co 11:3, AA, grifo do autor). A vida pode realmente ser complicada, mas o relacionamento com Jesus não é.

A passagem de Lucas diz que Maria "escolheu" a atividade certa. A maioria de nós não acredita ou não dedica tempo para considerar, de forma consciente, que sempre temos a capacidade de escolher a devoção simples demonstrada por Maria. Mas temos.

Depois de informar a Marta que somente uma coisa era realmente necessária, Jesus então se referiu à escolha de Maria como "boa". Essa afirmação parece meio capenga, até que a palavra grega utilizada seja realmente entendida. Há duas palavras gregas que Ele poderia ter usado, *agathos* e *kalos*. *Kalos* significa algo que é bem feito e tem boa aparência. É até usado para "beleza" ou "belo"; hoje em dia utilizamos a expressão "bonito". *Kalos* pode incluir até beleza interior ou virtude. A palavra não sugere, entretanto, utilidade prática. Um bom exemplo de *kalos* seria uma bela pintura — ela é bonita, mas não tem utilidade prática.

Entretanto, quando é necessário empregar uma palavra que acrescente o conceito de utilidade ou benefício, *agathos* é a palavra escolhida. Para transmitir plenamente esse aspecto, *agathos* é geralmente traduzida como "boas obras". Basicamente, *kalos* é boa aparência, e *agathos* é boas obras. Jesus disse que Maria escolheu *agathos*.

A ironia desse fato é chocante. A pessoa que não estava fazendo nada recebe o crédito por fazer as "boas obras", e não a pessoa que fazia todas as boas obras! Isso não está nada certo. Mas estava, e está. Cristo estava dizendo: *"Marta, você parece estar bem, mas os seus muitos afazeres não produzirão as boas obras que você está buscando. Maria escolheu aquilo que a capacitará verdadeiramente a fazer boas obras, e o fruto dela permanecerá".*

Como alguém que dedica sua vida ao ministério em tempo integral na igreja, fico aterrorizado com essa passagem. Ela me mostra que posso estar muito ocupado no ministério sem que isso gere um fruto genuíno e duradouro. Posso *parecer* bem e não estar realmente *fazendo* o bem. Precisamos sempre nos lembrar de que é a vida de Cristo fluindo através de nós que produz um fruto eterno nos outros, e não a nossa capacidade e as atividades que nós escolhemos. Temo que todos nós sejamos seduzidos por essa "boa aparência" sedutora de vez em quando.

Na Bíblia, Jesus advertiu a um grupo de crentes de que isso estava acontecendo com eles. *"Tens nome de que vives e estás morto"* (Ap 3:1, ACF). Para que esses caras mantivessem a reputação de estarem vivos, teriam de ainda parecer frutíferos. Para o observador casual, as obras deles deveriam ter sido impressionantes. Mas o Senhor não olha a nossa aparência externa, e sim o coração (ver 1 Samuel 16:7), e Ele julga as nossas obras com base na importância eterna delas, e não na aparência delas diante das outras pessoas. A mensagem do Senhor àqueles crentes foi: *"Vocês são* kalos, *e não* agathos. *Parem com toda essa atividade e escolham a boa parte — Eu".*

Agora que escrevi até colocar a mim mesmo em um estado de profunda convicção, acho que vou deixar o papel e a caneta de lado e vou ouvir por um tempo. Talvez, se fizer isso, eu possa trabalhar menos e realizar mais e quem sabe até desfrutar o prazer da Sua companhia com um pouco mais de frequência.

Oração

Pai, Tu és a fonte de tudo que é bom — sucesso, realização, bem-estar. Obrigado por me dar acesso a uma fonte infinita de bênção por intermédio do Teu Filho.

Que eu possa permanecer sempre em um relacionamento correto contigo, Jesus, escolhendo a melhor parte: sentar-me aos Teus pés e permanecer nesse lugar onde o bom fruto do ministério floresce.

Jesus, Tu és a videira — a minha fonte de vida — que eu possa estar adequadamente alinhado com o Teu coração. Preciso que a ordem do Céu seja estabelecida em minha vida para cumprir o meu destino. Pai, guia-me pelo Teu Espírito Santo a fazer escolhas a cada dia que me dirijam na direção da realização das boas obras que Tu preparaste para mim desde a eternidade.

Bom Pastor, escolho descansar na Tua abundância e beber das Tuas águas vivas. Que o meu coração nunca se desvie de uma devoção simples, pura e firme a Cristo. Que o prazer da Tua companhia sempre permaneça sendo minha primeira escolha, minha escolha favorita.

———————

(Oração extraída de: Efésios 1:3; Efésios 2:10; Lucas 10:38-42; Salmos 34:10; 2 Coríntios 11:3; João 15:1-11)

10

A União

Diferentemente da maioria de vocês, pecadores impacientes, eu amo esperar. É CLARO QUE NÃO! Na verdade, Ceci e minhas filhas brigam comigo há trinta anos por causa da minha impaciência. Eu, por minha vez, lembro a elas versículos a respeito de não julgarmos. Além disso, estou progredindo — lentamente. Quero dizer, francamente, quem gosta de esperar? Há várias coisas que eu consertaria imediatamente se fosse colocado no comando do mundo.

- Dirigir pela pista de ultrapassagem de uma estrada quando não se está ultrapassando outro veículo resultaria em uma multa de 500 dólares na primeira vez, e na cassação automática da carteira de motorista na segunda vez. Seria necessário fazer um curso de reciclagem na autoescola para poder recuperá-la. Na verdade, talvez eu fizesse com que TODOS fizessem (ou refizessem ou fizessem pela primeira vez) a autoescola, mesmo que não tivessem cometido essa infração, porque assim todo mundo aprenderia a usar o PISCA-ALERTA.

- Os telefones celulares seriam programados para se autodestruírem se fossem usados enquanto se dirige.

- As famílias ou amigos cujo grupo se estendesse POR TODO O CORREDOR DO TERMINAL dos aeroportos, andando lentamente, fofocando e bloqueando a passagem daqueles de nós que temos lugares para ir e coisas para fazer, perderiam todos os seus privilégios como passageiros. (Exceto se fizessem um curso de educação sobre como andar direito.)

- As pessoas que ficam paradas na fila dos caixas de pagamento procurando moedas no fundo das bolsas teriam de pagar 100 dólares a mais pela compra. Os funcionários dos caixas que se distraem conversando com elas enquanto isso está acontecendo, piorando as coisas, seriam despedidos.

- As pessoas que furam filas teriam de deixar o país. Os caixas, balconistas e outros funcionários que permitem essa prática em vez de mandá-las para o final da fila, perderiam o salário de uma semana. Na segunda vez, seriam banidos juntamente com o furador de filas.

- Se alguém tiver de esperar por mais de vinte minutos em um consultório médico antes de ser atendido, a consulta será gratuita. Sem exceções. Em caso de reincidência, os médicos deverão nos pagar pelo *nosso* tempo.

- Homens e mulheres adultos que se escondem atrás de arbustos, árvores, prédios e esquinas com pequenas pistolas de radar tentando pegar aqueles de nós que ultrapassam o limite de velocidade legitimamente porque estamos *ocupados demais* para desacelerar, seriam repreendidos e obrigados a começar a procurar por criminosos *de verdade* ou por empregos *de verdade*.

- Eu aboliria a Receita Federal. Qualquer pessoa que trabalhou para a Receita Federal teria de trabalhar para um contribuinte, sem salário, por um ano. (Isso não tem nada a ver com ter de esperar, simplesmente detesto pagar impostos tão exorbitantes.)

É fácil ver que, tendo a oportunidade certa, eu poderia corrigir grande parte da injustiça que há no mundo e eliminar o estresse causado pela espera desnecessária. Essas injustiças, na verdade, não são grande coisa para mim, por falar nisso. Na maior parte do tempo, sou um sujeito bastante bem ajustado, moderado, calmo, sereno e tranquilo.

Tudo bem, admito que eu não gosto de esperar. A maioria de nós não gosta. Mas há um tipo de espera que aprendi a gostar: esperar em Deus. Antes que você questione a minha honestidade, deixe-me dizer que não estou falando do tipo de espera que é necessária quando Deus escolhe adiar fazer alguma coisa. Assim como você, não gosto disso. A espera que eu gosto é a de esperar na Sua presença.

O conceito bíblico de esperar no Senhor é entendido por poucas pessoas nos dias de hoje. Assim como muitas outras palavras bíblicas, muito se perdeu na tradução e por causa das diferenças culturais que existem entre as nações e as eras. Definir cuidadosamente três palavras do Antigo Testamento traduzidas como "esperar" nos dará uma percepção mais clara. A primeira é *duwmiyah*, que significa "esperar silenciosamente com uma confiança tranquila". A ideia transmitida é a de uma confiança forte, calma e tranquila no Senhor. Davi disse: *"A minha alma descansa somente em Deus; Dele vem a minha salvação. Somente Ele é a rocha que me salva; Ele é a minha torre segura! Jamais serei abalado!"* (Sl 62:1-2).

A segunda palavra, *chakah*, significa "apegar-se a" ou "ansiar por". O salmista disse: *"Nossa esperança está no Senhor; Ele é o nosso auxílio e a nossa proteção"* (Sl 33:20). O escritor estava se apegando ao Senhor, sabendo que Ele viria em seu Socorro no tempo da angústia. Quando Davi disse: *"A minha alma tem sede de Deus"* (Sl 42:2; 63:1), ele estava *chakah* — ansiando pela companhia de Deus.

A terceira palavra, *qavah*, significa "esperar com uma expectativa ávida". Observe a combinação dos elementos empolgação e fé nessa definição. Nossos três cachorros aprenderam o horário aproximado que eu volto para casa do trabalho, principalmente Gracie Mae, nossa coonhound. (Todos os cães de Ceci têm nomes compostos.) Quando a hora se aproxima, eles aguardam com uma expectativa ávida. Aqueles que *qavah* no Senhor estão fazendo mais do que esperar passivamente; eles estão aguardando com expectativa. O Salmo 27:14 nos diz: *"Espere no Senhor. Seja forte! Coragem! Espere no Senhor".*

No entanto, existe outro significado poderoso de *qavah*: "entrelaçar", como em uma trança ou corda. À medida que passamos tempo com o Senhor, acontece uma união de corações, criando uma unidade de desejos, pensamentos e atos. É isso que transforma a missão de um em uma co-missão que envolve dois ou mais. As causas são compartilhadas, transformando-se em movimentos, e as paixões são compartilhadas, criando energia e ação.

Outro resultado desse entrelaçamento é a ampliação da força. Isaías disse: *"Mas aqueles que esperam (qavah) no Senhor renovam as suas forças. Voam alto como águias; correm e não ficam exaustos, andam e não se cansam"* (Is 40:31).

A renovação de forças que esse versículo promete é o resultado de sermos entrelaçados com Deus. Quando os fios de uma corda são trançados em um, a força de cada fio é transferida para o outro. Quando esperamos em Deus, a Sua força é transferida para nós e vice-versa. Adivinhe quem leva vantagem? De certa forma, isso me faz lembrar o rato e o elefante que eram grandes amigos. Eles andavam juntos o tempo todo; o rato andando nas costas do elefante. Um dia, eles atravessaram uma ponte de madeira, fazendo-a se encurvar, ranger e balançar sob o peso combinado dos dois. Depois de atravessarem, o rato, impressionado com a capacidade da dupla de causar tamanho impacto, disse ao elefante: "Uau, nós sacudimos aquela ponte, não foi?"

Adivinhe quem é o rato?

Vamos resumir os três significados de esperar encontrados na Bíblia, combinando-os em uma definição completa do que significa esperar no Senhor: *esperar tranquilamente com uma confiança forte e calma; ansiar pela Sua presença em uma expectativa ávida por Ele, porque você sabe que Ele virá; e saber que quando Ele vier, você e Ele experimentarão uma unidade crescente, sendo trançados juntos à medida que seus corações e suas vidas se tornam mais entrelaçados.*

É disso que estou falando! Se isso não faz você feliz, você tem algum problema meu amigo!

Davi, o salmista que escreveu tanto sobre esperar em Deus, praticou a espera quando era um jovem pastor e recebeu poder para matar um leão, um urso e um gigante. Onde foi que ele conseguiu tamanha força e valentia? Andando nas costas do elefante. Ele se aconchegava no colo de Deus por algum tempo, depois escrevia lindos poemas como o Salmo 23. Às vezes, ele e o Senhor se tornavam tão intensamente um só por meio da espera que a presciência de Deus se infiltrava na mente de Davi, permitindo que ele profetizasse o futuro. Um dos muitos exemplos é o Salmo 22, que inclui três dos sete pronunciamentos de Cristo quando estava na Cruz.

Deus dá revelação, fortalece, consola, guia e abençoa aqueles que esperam Nele. Cada necessidade relacionada à nossa humanidade pode ser atendida quando nos conectamos com a Sua divindade. Espere Nele.

Falando de forma prática, o que descreve esse tipo de atividade? Devemos nos sentar silenciosamente, tentando entrar em um estado de transe no qual podemos adentrar mais facilmente na esfera espiritual? Não, não somos budistas ou transcendentalistas. O processo de meditação ensinado na Bíblia — que sem dúvida é uma forma de esperar em Deus — não é um estado de consciência alterado. É simplesmente refletir, pensar ou meditar em Deus ou em uma passagem das Escrituras.

Podemos exercer a espera enquanto estamos sentados, de joelhos, andando, deitados, dirigindo — não é a posição do corpo que importa, mas a postura do coração. Podemos nos manter em espera através da adoração, da oração ou do pensamento contemplativo. Não há nada de complicado nisso. Um "tempo devocional" de qualidade é uma maneira de esperar no Senhor. Torne-o agradável — sente-se com uma xícara de café e converse com Ele. Já me sentei diante de uma lareira por horas desfrutando o prazer da Sua companhia. Para mim, não há nada melhor do que isso.

Não estou sugerindo, entretanto, que os momentos com o Senhor precisam durar horas para serem eficazes. Qualidade é mais importante do que quantidade. Recebi grandes revelações e percepções do Espírito Santo mesmo em um tempo curto, de quinze ou vinte minutos, com Ele. Também é importante fazer isso regularmente. Todos nós deveríamos ter tempos devocionais regulares mais curtos esperando no Senhor, quer de trinta minutos quer de uma hora, e todos nós deveríamos ocasionalmente passar um tempo mais prolongado com Ele.

Aprenda a esperar. Neste mundo caótico de micro-ondas, trens-bala e viagens aéreas, há algumas coisas que ainda exigem tempo. Desacelere. Ainda que seja por alguns minutos por dia, desacelere e encontre-O. Eu lhe prometo que se fizer isso, você viverá mais... e viverá melhor.

Oração

Pai, vale a pena esperar em Ti. Tu és digno de que eu me demore na Tua doce presença e anseie com expectativa por esse presente.

Ajuda-me a fazer da arte de esperar silenciosamente em Ti um hábito, com uma confiança forte, calma e tranquila. Prende o meu coração firmemente ao Teu, Pai, à medida que eu permaneço no lugar onde Tu estás. Quero ser um contigo em pensamento e desejo, refletindo a glória do Teu Filho.

Jesus, como é precioso o Teu amor inabalável. À medida que espero, Tu me enches de profunda alegria e fortaleces o meu interior. Quando me refugio em Ti, sou consolado e encontro o lugar mais seguro para descansar.

Escolho agora mesmo desacelerar e posicionar o meu coração para esperar. Repetindo a oração do salmista, uma coisa busco: habitar na Tua casa todos os dias da minha vida, meditando, observando, simplesmente contemplando cada aspecto da Tua beleza... desfrutando o prazer da Tua companhia.

(Oração extraída de: Salmos 62:1-2; Salmos 27:14; Isaías 40:31; Salmos 16:11; Salmos 21:6; Salmos 27:4)

11

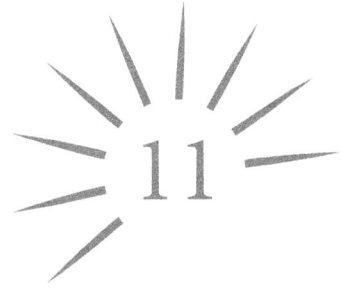

O Mal-Acostumado

Uma das maiores ofertas da história do mundo foi feita há séculos a um homem chamado Obede-Edom. Seguindo a instrução do rei Davi, rei de Israel, perguntaram a ele se a sua sala de visitas poderia ser o Santo dos Santos por algum tempo.

> *Por isso ele desistiu de levar a arca do Senhor para a Cidade de Davi. Em vez disso, levou-a para a casa de Obede-Edom, de Gate. A arca do Senhor ficou na casa dele por três meses, e o Senhor o abençoou e a toda a sua família.*
>
> 2 Samuel 6:10-11

Você pode imaginar alguém lhe perguntar: "Você se importaria se colocássemos a arca da aliança na sua casa por alguns meses?" Se você fosse alguém que ama a Deus, essa honra seria inimaginável. Lembre-se de que nos dias de Obede-Edom, era sobre a arca que pairava a própria glória de Deus.

Como você reagiria? "Hum, não sei, rei. Tenho de pensar a respeito, se quero ou não que a glória *shekinah* de Deus fique pairando sobre a minha sala de visitas durante os próximos três meses". Não creio que tivéssemos de orar sobre isso. Obviamente, Obede-Edom não orou.

O que sua esposa faria se você chegasse para ela, dizendo: "Adivinha quem está na nossa sala!" E como seria a conversa com seus filhos: "Agora, meninos, vocês podem olhar, mas NÃO TOQUEM!" E você pode imaginar que a casa dele se tornou a primeira escolha para as reuniões de pequeno grupo do bairro!

Podemos apenas imaginar como ficou a casa de Obede-Edom durante os três meses em que a arca esteve ali. Será que eles permaneciam sentados por horas olhando para ela? Será que em algum momento ficava escuro dentro da casa? (Pense nisso). Será que a casa ficava impregnada da presença de Deus? Será que havia uma névoa constante? Será que as pessoas caíam prostradas quando passavam por ela? Não sabemos as respostas a essas perguntas, mas sabemos que *"o Senhor abençoou Obede-Edom e toda a sua família"* (v. 11) durante esse período sem precedentes. Também sabemos que quando Davi finalmente transportou a arca da aliança para Jerusalém, Obede-Edom fez as malas e mudou-se com toda a sua família juntamente com ela, tornando-se um dos guardiões da tenda que a abrigava (ver 1 Crônicas 26:1-4). Quase podemos ouvir a conversa dele com Davi: "Se Sua Majestade pensa que depois de ter a presença e a glória de Deus na minha sala de visitas durante os três últimos meses, vou viver sem ela, Sua Majestade está totalmente enganado. O Rei vai ter de me levar junto!"

O Senhor deve ter ficado empolgado em finalmente ter algumas pessoas em Israel que valorizavam e desejavam a Sua presença. Incrivelmente, havia décadas que a arca não era mais o ponto central da adoração em Israel. O motivo para isso remonta aos dias de Eli, um sumo sacerdote cuja liderança tolerou tamanho pecado em Israel que Deus permitiu que a arca fosse roubada pelos filisteus. Foi então que a conhecida palavra *icabode*, que significa "glória nenhuma", surgiu:

> *Sua nora, a mulher de Fineias, estava grávida e perto de dar à luz. Quando ouviu a notícia de que a arca de Deus havia sido tomada e que seu sogro e seu marido estavam mortos, entrou em trabalho de parto e deu à luz, mas não resistiu às dores do parto. Enquanto morria, as mulheres que a ajudavam disseram: "Não se desespere; você teve um menino". Mas ela não respondeu nem deu atenção. Ela deu ao menino o nome de Icabode, e disse: "A glória se foi de Israel", porque a arca foi tomada e por causa da morte do sogro e do marido. E ainda acrescentou: "A glória se foi de Israel, pois a arca de Deus foi tomada".*
>
> 1 Samuel 4:19-22

Os filisteus tentaram colocar a arca no templo de seu deus, Dagom, mas o Senhor os visitou com tamanho juízo que eles a enviaram de bom grado de volta a Israel (ver 1 Samuel 5–6). Ela acabou em Quiriate-Jearim, onde permaneceu por vinte anos (ver 1 Samuel 7:2), até que Davi se tornou rei.

Foi Davi, um apaixonado por Deus, quem decidiu ir atrás da arca e trazê-la para Jerusalém. *"Depois de consultar todos os seus oficiais... Davi disse a toda a assembleia de Israel... 'Vamos trazer de volta a arca de nosso Deus, pois não nos importamos com ela durante o reinado de Saul'"* (1 Cr 13:1-3). Que triste epitáfio para um líder: "Não se buscou a presença de Deus durante o seu reinado". E que dias tristes devem ter sido aqueles para o Senhor.

Estou certo de que Ele Se agradou quando Davi, um homem segundo o Seu coração, quis que Ele e a Sua presença fossem o ponto central da nação outra vez. No entanto, o processo acabou sendo difícil. Devido à maneira inadequada como a arca foi transportada, um homem se sentiu impelido a tocá-la na tentativa de segurá-la e impedi-la de cair. Ele foi morto pelo Senhor, o que resultou em um atraso de três meses. Foi assim que ela chegou à casa de Obede-Edom.

Finalmente, Davi descobriu a maneira correta de transportar a arca e ela foi levada para Jerusalém. Obede-Edom, entretanto, não estava preparado para aceitar a separação. "Façam as malas, pessoal", ele disse à sua família. "Vamos nos mudar".

Já dei uma de Obede-Edom — mais ou menos. Obviamente, não foi exatamente a mesma situação, mas chegou tão próximo quanto seria possível nos dias de hoje. Há quatro anos tínhamos uma série especial de reuniões na igreja que eu pastoreava, em Colorado Springs. No domingo pela manhã, um convidado profético deixou cair a bomba. "Coloque todas as suas atividades de lado e durante noventa dias não faça nada a não ser adorar, 24 horas por dia, sete dias por semana. Assim como Obede-Edom recebeu a arca da Sua presença durante três meses, Deus está lhe pedindo para fazer o mesmo", declarou ele.

Tenho certeza de que fiquei branco como uma vela. Afinal, ele disse isso em público!

Como se pode deduzir do fato de que fui eu que convidei aquele homem para falar, é óbvio que creio em profecias, e tenho a opinião de que Deus ainda fala por intermédio das pessoas hoje. Por isso, não fiquei surpreso por ele ter profetizado; eu esperava isso. O que me intimidou foi a natureza radical da missão — parar com tudo o mais e somente adorar 24 horas por dia, sete dias na semana — e o fato de que eu não tinha a liberdade para decidir secretamente se acreditava ou não que aquilo vinha realmente do Espírito Santo. Afinal, toda a congregação ouviu aquilo![10]

Minha mente começou a acelerar: seria aquela realmente uma palavra do Espírito Santo? Deveríamos tentar fazer aquilo? Poderíamos deixar aquilo de lado? E quanto aos nossos outros programas? Como isso afetaria a igreja? Essas e outras perguntas inundavam a minha mente. Mas...

Nós o fizemos! Nós demos uma de Obede-Edom!

Os três meses que se seguiram se tornaram os melhores da minha vida. Como Obede-Edom, fiquei mal-acostumado. A logística era desafiadora, é claro, mas a adoração nunca parou. E a presença de Deus na nossa igreja durante os noventa dias que se seguiram, bem, foi densa e poderosa. Cancelei a maioria dos meus compromissos para pregar durante os três meses e passava várias horas todos os dias na presença de Deus.

Isso não apenas mudou a minha vida, como mudou as vidas de centenas de outros. As pessoas usaram os seus dias de férias e passaram-nos com Deus. Ocasionalmente, famílias levavam sacos de dormir e passavam a noite na igreja, acampando na Sua presença. Muitos vinham nos seus intervalos de almoço. Algumas pessoas passavam tempo com Ele ali todos os dias; uma mulher até passou todas as noites ali. Um coronel da força aérea ia todas as noites após o trabalho. No final, estávamos todos acabados. O normal, para nós, havia se tornado o radical. Trinta minutos e alguns corinhos em um domingo de manhã nunca mais nos satisfariam. O fator Obede-Edom gera GRANDES problemas. Agora é fácil ver por que Obede-Edom nem sequer tentou combater isso: "Estou viciado", foi o que ele disse com os seus atos. "Para onde a arca for, eu irei".

Davi parece ter entendido isso. "Não faz sentido discutir com ele; ele foi infectado. Ele nunca irá se livrar disso ou sobreviver a isso. Façam dele um porteiro da tenda". O próprio Davi também tinha essa "doença". Finalmente entendi como ele podia dizer: *"Melhor é um dia nos Teus átrios do que mil noutro lugar"* (Sl 84:10). Davi também disse: *"Uma coisa pedi ao Senhor; é o que procuro: que eu possa viver na casa do Senhor todos os dias da minha vida, para contemplar a bondade do Senhor e buscar Sua orientação no Seu templo"* (Sl 27:4).

Eu me identifico com ele.

O livro de Cantares, também conhecido como Cântico dos Cânticos, é uma alegoria que retrata o relacionamento entre Cristo e Sua Noiva, a Igreja. Nele, há uma cena fascinante em que o Noivo (Cristo) Se esconde da Sua Noiva (a Igreja). A interpretação para nós é que Cristo é precioso, e não uma emoção barata, e quer que nós O valorizemos o suficiente para buscá-Lo. Em Cântico dos Cânticos, a noiva passa no teste, procurando pelo noivo desesperadamente, demonstrando a sua paixão e compromisso. Ela o busca por toda a noite declarando: *"Buscarei aquele a quem o meu coração ama"* (3:2). Ao encontrá-Lo, ela diz: *"Eu O segurei e não O deixei ir"* (3:4).

Você também pode dar uma de Obede-Edom. Não, não 24 horas por dia, sete dias na semana, mas ainda assim, o Senhor quer ir à sua casa. A Sua presença não está mais limitada a uma arca em um Santo dos Santos. Busque por Ele. Se você fizer isso, como a noiva em Cântico dos Cânticos, Ele deixará que você O encontre. Oh, como Ele quer ser encontrado! Até que experimente esse prazer, você nunca realmente entenderá isso. E quando experimentá-lo, você nunca mais ficará sem ele.

Oração

Pai, provei e vi a Tua bondade, e tenho fome e sede de muito mais. Quero receber-Te e a Tua presença — que o meu coração seja uma casa adequada para Ti, Senhor.

Jesus, deixa-me encontrar o Teu coração a tal ponto que eu não me contente com nada menos, como um escravo que se apega a Ti com profunda convicção, declarando "Tu és tudo o que quero e necessito!" Vem, Senhor Jesus, mostra-me a Tua glória, revela-Te a mim. Obrigado por permitir que Tu sejas encontrado por aqueles que Te buscam de todo o coração.

Devo buscar Aquele a quem a minha alma ama ao nascer de cada dia. E quando eu Te encontrar, não Te deixarei ir. Porque um dia contigo, Jesus, é muito melhor que mil dias passados em outro lugar.

Que habitar na casa do Pai e contemplar a beleza de Jesus sejam a minha mais elevada aspiração, a minha maior fascinação e o mais profundo anseio do meu coração. Que todas as coisas percam o brilho em comparação com o tempo passado no prazer da Tua companhia.

(Oração extraída de: Salmos 34:10; Mateus 5:6; Êxodo 33:18-19; 2 Crônicas 15:15; Deuteronômio 4:29; Cântico dos Cânticos 3:2, 4; Salmos 84:10; Salmos 27:4)

12

O LUGAR

Amo as montanhas. Não importa se é para caçar, pescar, andar ou ficar sentado — simplesmente amo estar nas colinas e montanhas. Passei centenas de horas subindo montes, caminhando por picos majestosos e sentando-me em vales exuberantes refletindo, relaxando e rejuvenescendo o meu homem interior. Se você nunca se sentou à beira de uma montanha de quatro ou cinco mil metros de altura em um dia claro de sol olhando acima das florestas, rios, lagos e vales... Bem, digamos simplesmente que sua lista de coisas a fazer antes de morrer está incompleta.

Lembro-me do dia em que estava caçando alces no Colorado, há sete anos. Na verdade, eu não estava caçando alces; estava caçando "paisagens". Eu andei por uma hora mais ou menos, distanciando-me do lugar onde tinha deixado a camionete, então segui uma curva, cheguei ao topo de uma colina, e... ali estava. Várias centenas de metros abaixo de mim havia um riacho magnífico. Do outro lado do rio havia uma linda encosta verdejante, coberta de flores, que levava a uma floresta dourada de álamos. Que beleza indescritível! Quase surreal. *Bem, é isso aí, pensei. Minha caçada terminou. Eu não poderia encontrar um lugar melhor para me sentar e falar com Deus.*

— Como vão as coisas hoje, Papai? — perguntei. — É maravilhoso estarmos juntos aqui neste ambiente impressionante.

Fiquei sentado ali por algum tempo pensando e conversando com Papai, simplesmente desfrutando o prazer da Sua companhia. Depois de cerca de meia hora, ouvi o inconfundível piado de uma águia dourada. Ali estava ela, bem diante de mim — deslizando, mergulhando, voando sobre o rio e depois voltando a voar sobre as árvores — simplesmente se exibindo.

— *Que tal isso, filho?* — Papai Deus perguntou depois de algum tempo.

— Impressionante, Papai. Foi um voo espetacular —, eu disse, parabenizando-O.

Se algum de vocês tem provas bíblicas de que Deus não teria feito aquela águia fazer aquela exibição aérea e depois falar comigo dessa forma, por favor, não compartilhe isso comigo. Deixem-me na minha santa ignorância. Ah, que dia foi aquele!

Por mais que eu ame as montanhas, não gosto de ficar sozinho em uma delas no escuro. Elas se tornam um pouco assustadoras a essa hora do dia. A ausência de luz desperta o medo, e os arrepios cedem lugar aos calafrios. Há lobos, ursos pardos e negros e leões das montanhas atrás de cada arbusto, esperando para me devorar. E você pode se perder, realmente se perder, em uma montanha no escuro. Portanto, eu tomo cuidado para estar de volta na camionete antes do cair da noite.

Ter experimentado a intimidação de estar em uma montanha sozinho, à noite, faz com que eu fique ainda mais impressionado com Josué e os seus *trinta e quatro dias sozinho no Monte Sinai*. Muitas pessoas sabem que Moisés passou quarenta dias e quarenta noites com Deus nesse monte, recebendo os Dez Mandamentos e outras leis, preceitos e ritos religiosos segundo os quais Deus pretendia que Israel vivesse. Quase ninguém, porém, sabe sobre Josué. Mas ele também esteve ali.

Deus instruiu Moisés a ir se juntar a Ele nessa montanha flamejante e ele obedeceu, levando Josué, seu servo, com ele.

> *Disse o Senhor a Moisés: "Suba o monte, venha até Mim, e fique aqui; e lhe darei as tábuas de pedra com a lei e os mandamentos que escrevi para a instrução do povo". Moisés partiu com Josué, seu auxiliar, e subiu ao monte de Deus. Disse ele às autoridades de Israel: "Esperem-nos aqui, até que retornemos. Arão e Hur ficarão com vocês; quem tiver alguma questão para resolver, poderá procurá-los".*
>
> Êxodo 24:12-14

Moisés obedeceu, levando Josué, e eles subiram. Então as coisas ficaram realmente confusas. Deus fez com que os dois esperassem por seis dias inteiros antes de dizer alguma coisa. *"No sétimo dia o Senhor chamou Moisés do interior da nuvem"* (v. 16). Você consegue imaginar a situação? O que você faria por seis dias, sentado do lado de fora de uma nuvem provocada pela glória de Deus, com trovões ecoando e relâmpagos dentro dela? A montanha chegava a tremer em alguns momentos. Eu me pergunto se Josué em algum momento perguntou: "Ei, Moisés, você *tem certeza* de que devemos estar aqui?" A Bíblia não nos diz o que eles fizeram por seis dias nem por que Deus os fez esperar. Talvez Ele estivesse lhes ensinando paciência. Finalmente, porém, Ele falou de dentro da nuvem de glória e convidou Moisés a entrar.

A parte dessa história que mais me toca, porém, é que no sétimo dia, quando Moisés desapareceu dentro da nuvem de glória, *Josué ficou sozinho por mais trinta e quatro dias!* Ele não foi convidado para a festa. Podemos apenas imaginar como foi ficar ali sozinho por mais de um mês.

Será que ele ficou apavorado quando Moisés entrou na nuvem? Afinal, era mais que apenas uma nuvem; era uma nuvem flamejante: *"Aos olhos dos israelitas a glória do Senhor parecia um fogo consumidor no topo do monte"* (v. 17). É inevitável se perguntar:

- Será que Josué se perguntou por trinta e quatro dias se Moisés havia sobrevivido?
- Será que ele podia ouvir Deus e Moisés conversando?
- Será que ele se encolhia cada vez que a montanha tremia?
- Será que ele podia ouvir o dedo de Deus gravando os Dez Mandamentos nas tábuas?
- Será que ele sentiu fome? Nesse caso, o que ele comeu?
- Será que ele foi tentado a ir embora? (Sabemos que ele não fez isso. Êxodo 32:17 nos diz que eles desceram juntos.)
- Será que Josué ficou sentado por horas a fio, apenas contemplando a glória?
- Será que ele foi visitado por anjos?
- Talvez, enquanto Papai estava com Moisés, Jesus ou o Espírito Santo estivessem visitando Josué?
- O que ele pensou quando Moisés finalmente surgiu com o rosto brilhando por ter sido exposto à glória?

Por razões que não conhecemos, Deus escolheu não responder a nenhuma das nossas perguntas. Ele sabe que, às vezes, nos deixar com perguntas não respondidas produz reflexões saudáveis; outras vezes o objetivo do silêncio é honrar a privacidade da Sua maneira pessoal de lidar com os indivíduos. O que aconteceu com Josué permanecerá sendo um segredo entre ele e Deus. O que sabemos é que enquanto Moisés esteve na nuvem por trinta e quatro dias, Josué estava do lado de fora e sem nenhuma companhia humana.

Embora Deus não tenha nos dito o que aconteceu, Ele nos deu uma pista do efeito que essa viagem teve sobre Josué. Em Êxodo 32, Josué e

Moisés desceram da montanha. No capítulo 33, Moisés ergueu uma tenda, às vezes chamada de tabernáculo de Moisés, onde a arca da aliança deveria permanecer. Ela também era chamada de Tenda do Encontro, pois *"Quem quisesse consultar o Senhor ia à tenda, fora do acampamento"* (Êx 33:7).

Quando Moisés entrava na tenda, o povo ficava tão encantado e fascinado que parava e observava, pois *"a coluna de nuvem descia e ficava à entrada da tenda"* (v. 9). Isso era tão fascinante e inspirava tanta reverência que *"todos prestavam adoração em pé, cada qual na entrada de sua própria tenda"* (v. 10).

Isto é, todos, menos Josué.

Parece que nessas ocasiões Josué tinha permissão para entrar na tenda com Moisés. Mas algo interessante acontecia quando chegava a hora de Moisés sair. *"O Senhor falava com Moisés face a face, como quem fala com seu amigo. Depois Moisés voltava ao acampamento; mas Josué, filho de Num, que lhe servia como auxiliar,* não se afastava da tenda" (v. 11, grifos do autor).

Josué tinha sido contaminado por uma atração insaciável pelo Deus da glória. Naquela montanha, ele foi abalado para sempre. Ele se tornou como Obede-Edom, que recebeu a arca em sua casa por três meses: ficou tão viciado na presença de Deus que a cercava que quando ela foi levada para Jerusalém, ele se mudou com toda a sua família para lá. Josué havia ficado desesperadamente apaixonado pelo prazer da Sua companhia. Podemos quase ouvi-lo perguntar ao seu mentor e chefe, Moisés, quando ele estava saindo: "Tudo bem se eu ficar mais um pouco aqui na Presença?"

Posso imaginar o outro "viciado" respondendo com um sorriso de quem entende: "É claro, filho, fique o tempo que quiser". É preciso um viciado para reconhecer outro.

Esse tipo de vício pela presença de Deus não surge da noite para o dia. Quando iniciamos a nossa jornada com Ele, levamos um tempo para vencer a inquietação da nossa carne e das nossas emoções enquanto esperamos Nele. Também precisamos lidar com o aspecto incomum de nos relacionarmos com uma pessoa invisível. É quase como se nossos corações tivessem de aprender a se conectar com a Sua presença intocável e nossas mentes tivessem de aprender a se aquietarem o suficiente para ouvir. Em um mundo cheio de sons, pessoas e uma imensidão de atividades, precisamos entrar na escola do Espírito Santo, onde somos instruídos na arte da espera. Josué recebeu um curso intensivo na montanha.

Uma das coisas que ajudarão nesse processo é encontrar ou criar um lugar onde você possa se encontrar com Deus regularmente. Pode ser um quarto da sua casa, uma cadeira de balanço em um canto, um bosque onde você possa caminhar, uma praia onde você possa passear, ou uma árvore sob a qual você possa se sentar. Onde quer que seja, existe algo de especial em separar um lugar exclusivo onde você e Deus possam desfrutar de uma comunhão regular, face a face, e sem perturbações.

Moisés tinha um lugar assim, e Josué também. Davi ergueu uma tenda com o mesmo propósito. Até Cristo tinha um, como os seguintes versículos deixam claro:

> *Certo dia Jesus estava orando* em determinado lugar...
>
> Lucas 11:1, grifo do autor

> Como de costume, *Jesus foi para o monte das Oliveiras... Chegando* ao lugar...
>
> Lucas 22:39-40, grifo do autor

Esse lugar era o Jardim do Getsêmani, no Monte das Oliveiras, um local onde Cristo amava orar. Muitos estudiosos acreditam que o fato de esse ser o lugar onde Cristo orava regularmente quando estava em Jerusalém, foi o que fez com que Judas soubesse onde encontrá-Lo quando O traiu (ver Lucas 22:47). Não é revelador o fato de que quando Jesus estava prestes a enfrentar a Sua maior provação e a brutalidade da cruz, Ele tenha Se retirado para o Seu "lugar" de comunhão e oração?

Encontre ou crie um lugar onde você possa se encontrar com Deus.

Em seguida, se ainda não fez isso, experimente várias versões de Bíblias até encontrar uma da qual você goste mais. Compre um caderno e, à medida que você passar tempo com Ele, anote os seus pensamentos. Ele falará com você no seu coração e através da sua mente. Algumas pessoas também gostam de criar uma lista pessoal de suas músicas favoritas de adoração para ouvir enquanto passam tempo com Deus.

Crie a rotina que funcionar melhor para você e comece a segui-la. Se você escolher separar esses momentos visitando-O e treinar o seu coração e a sua mente para ouvir, começará a ouvir a Sua voz. Então você experimentará o motivo pelo qual foi criado: para desfrutar de um verdadeiro relacionamento com o seu Pai celestial. Assim como aconteceu com Josué, logo você ficará viciado e os seus encontros com Ele se tornarão o ponto alto de cada dia. Na verdade, você se sentirá tão completo e realizado nesses encontros que, assim como Josué, não vai querer sair da tenda.

Oração

Pai, amo a casa onde Tu vives, o lugar onde a Tua glória habita. Quero aprender a permanecer nesse lugar e a desfrutar de um relacionamento íntimo contigo.

Ensina-me a praticar a presença de Deus, cultivando a arte de esperar em Ti e ter comunhão contigo, sem interrupção e com frequência. Leva-me à escola do Espírito Santo onde aprenderei a vencer a inquietação da minha carne, retirando-me intencionalmente para me juntar a Ti com a minha mente quieta para ouvir e o meu coração totalmente consciente e envolvido pela Tua presença.

Assim como Tu, Jesus, frequentavas um determinado lugar para ter comunhão com o Pai e orar, que eu não descanse até encontrar um lugar especial para que me visites face a face — a minha tenda sagrada do encontro, como nos dias de Josué ou de Davi. E quanto mais eu passe tempo no nosso lugar especial, que eu seja infectado por uma atração insaciável pela Tua glória que me abale para sempre. Que eu fique desesperadamente apaixonado pelo prazer da Tua companhia.

(Oração extraída de: Salmos 26:8; Salmos 27:4, 8; Atos 7:45-46; Êxodo 33:7; Lucas 11:1; Lucas 22:39-40; Salmos 42:1-2)

13

A CAMINHADA

Gosto muito de caminhar. Também gosto de explorar. Quando vou caçar, o que também gosto de fazer, o que mais faço é ficar caminhando pela região e admirando a paisagem. Essa prática diminui a minha eficácia, pois os animais são muitos hábeis em perceber movimentos e ouvir ruídos, mas isso não me importa. Para mim, o prazer está na caçada em si — na busca, na exploração — e não em pegar o animal. Quando vejo uma colina, algo bem lá dentro de mim simplesmente precisa saber o que está do outro lado. Quando a trilha à frente faz uma curva, tenho de saber o que está depois dela. Meus companheiros de caçada geralmente me perguntam quando volto para a camionete: "Até onde você foi?" Eles sabem que não consigo ficar sentado e parado.

A maior distância que já caminhei um dia enquanto caçava, pelo menos que eu saiba, foi de uns 32 quilômetros. Sei disso porque um dos amigos que estavam comigo mediu a distância usando o GPS. Nesse dia específico, uma caminhada tão longa não havia sido planejada. Explorávamos a área, procurando as melhores maneiras de entrar e sair de locais diferentes.

Estávamos confiantes de que havia uma estrada na base da colina onde nos encontrávamos, mas a vegetação era fechada demais para se ver até lá. Discutimos por alguns minutos se deveríamos descer — se estivéssemos errados, a subida de volta à montanha íngreme seria bem cansativa. Gosto de caminhar, não de escalar. Mas a maneira de chegarmos à área por baixo era de longe o modo mais fácil e, confiantes na existência da estrada, decidimos nos arriscar.

Estávamos errados. Totalmente errados.

Não tenho palavras para lhe contar o quanto estávamos errados. Não havia estrada. O lugar era magnífico, com campinas exuberantes margeando as árvores e um lindo riacho correndo pela montanha, mas não havia estrada. Pensando que talvez encontrássemos essa estrada inexistente se seguíssemos o riacho, andamos por alguns quilômetros. Finalmente, deparamos com outro caçador à margem do riacho. Aliviados, conversamos por algum tempo e depois perguntamos onde ficava a estrada.

— Que estrada? — ele questionou.

— A estrada que leva para fora daqui.

— Não há estrada para sair daqui — ele respondeu.

— Mas tem de haver — insistimos, com a nossa preocupação aumentando.

— Meu pai e eu caçamos aqui há vinte e cinco anos — disse ele — e eu garanto que não existe estrada que venha até aqui.

— Como você chegou aqui? — perguntamos, ainda não querendo acreditar nele.

— A cavalo. Nós nos preparamos e acampamos por uma semana.

Dissemos a ele que havíamos estacionado no topo da Black Mountain e perguntamos como chegar até lá. Com um riso levemente forçado e um comportamento confiante, ele apontou para uma trilha sinuosa que subia por vários quilômetros montanha acima.

— Por aquela trilha, rapazes — disse ele. — Aquele é o único caminho para sair daqui. É por isso que o chamam de Buraco do Inferno.

Chocados e não pouco apavorados, dissemos:

— Precisamos estar fora daqui antes de anoitecer!

Era por volta de meio-dia.

Ele deu um sorriso de advertência e um conselho:

— Então é melhor vocês irem logo.

Conseguimos chegar minutos antes de escurecer, com os pés doendo, as pernas cansadas e com o direito de nos gabarmos: fomos ao "inferno" e voltamos. Na verdade, não foi tão mal para um andarilho. E o lugar era tão magnífico, que eu sempre quis voltar. Ei, se você quer construir memórias, precisa caminhar! Se uma pessoa planejasse com antecedência, levasse comida e bastante água, não seria tão ruim. E a campina tranquila que rodeava o belo riacho na montanha — bem, aquele foi sem dúvida um dos lugares mais bonitos que já vi. Quanto mais alto subíamos em nosso caminho para sair dali, mais bela a vista do rio e das campinas se tornava. O Buraco do Inferno havia se tornado uma visão celestial, uma visão que jamais esquecerei. Perspectiva é tudo.

Enoque era um andarilho. Talvez você tenha ouvido falar dele. Ele foi o sujeito que deu tanto prazer a Yahweh que Ele decidiu transladá-lo para o Céu: *"Enoque andou com Deus; e já não foi encontrado, pois Deus o havia arrebatado"* (Gn 5:24). Em um dia ele estava ali e no dia seguinte não estava mais. Pergunto-me se alguém o viu desaparecer ou entrar na carruagem de fogo, se é que o Senhor o levou da mesma maneira que levou Elias. Você gostaria de tentar explicar isso aos seus amigos? Creio que não.

O conceito de Enoque andando com Deus é fascinante. A palavra usada pode significar diversas coisas. Descreve o fluir de um rio, a descida de uma enchente, o soprar do vento, o balanço do mar e, é claro, o caminhar. A ideia básica é movimento. Ela é usada metaforicamente para falar dos caminhos da vida de alguém. Por exemplo, um filho pode "andar" nos caminhos do pai ou "segui-los".

Enoque seguiu a Deus e os Seus caminhos, andando com Ele no caminho da vida. O significado é muito simples: ele vivia a vida com Deus. Não satisfeito com a existência mundana da vida sem Deus, Enoque decidiu priorizar e desfrutar o prazer da Sua companhia. De algum modo, ele sabia que andar com Deus era uma decisão que cabia a *ele* tomar — e não a Deus. A Bíblia não diz que "Deus andou com Enoque", embora isso obviamente tenha ocorrido quando eles passavam tempo juntos. Ao contrário, a construção da frase é importante e o ponto está claro: "Enoque andou com Deus".

No entanto, a Bíblia nos diz como o Senhor se sentia acerca desse relacionamento. O Novo Testamento diz de Enoque: *"Pois antes de ser arrebatado, recebeu testemunho de que tinha agradado a Deus"* (Hb 11:5). "Agradado" vem da palavra grega euarestos. "Bem agradável" seria uma tradução mais precisa, pois o prefixo *eu* significa "bem" ou "bom" e *arestos* significa "agradar". Ver outras pessoas se orgulhando de seus netos sempre foi agradável (*arestos*) para mim. Mas ter o meu próprio neto é bem agradável (*euarestos*). Enoque foi mais do que agradável a Deus, ele foi bem agradável.

Essa não é uma expressão muito utilizada por nós. Uma maneira mais direta de descrever o relacionamento de Enoque com Deus seria simplesmente dizer que ele dava muito prazer a Deus. Fascinante, não é mesmo? O que para nós é "o prazer da *Sua* companhia", para Deus pode se tornar "o prazer da *nossa* companhia". Para a maioria, esse é um conceito inédito. Uma coisa é acreditar que Deus pode nos usar. Acreditar que a nossa obediência às Suas leis O agrada também não é um problema para nós. Mas não posso evitar me perguntar quantas pessoas entendem que a presença delas pode trazer um grande prazer ao Senhor.

Não se deixe enganar pensando que somente algumas poucas pessoas da elite espiritual, como Enoque, poderiam ter esse tipo de relacionamento com o Senhor. Paulo disse aos coríntios: "... *temos o propósito de Lhe [bem-]agradar (euarestos)"* (2 Co 5:9). Uma tradução literal da última parte de Hebreus 12:28 seria: *"Tenhamos gratidão, pela qual possamos oferecer a Deus adoração bem agradável (euarestos) com reverência e temor"*. É absolutamente possível se tornar um prazer para o Deus Pai. Quando entendemos isso, nossa vida é transformada. Entramos em um alto chamado, iniciando um relacionamento de amor com Aquele que nos criou à Sua própria imagem e semelhança. Deus nos criou para sermos a Sua família, com a capacidade de verdadeiramente conhecê-Lo e entendê-Lo. Quando esse fato é entendido, a vida se torna uma jornada empolgante e gloriosa para em direção ao alto, e não um Buraco do Inferno ao qual temos de descer. Temos um destino a cumprir, e não uma existência para desperdiçar.

Não importa o que for que você faça hoje, seja ganhar dinheiro, desfrutar a companhia de alguém ou simplesmente se divertir um pouco, certifique-se de passar algum tempo de qualidade com Ele. Você foi criado para o prazer Dele. Faça a caminhada! Caminhe com Deus!

Oração

Pai, como é impressionante a ideia de que esta caminhada no ritmo das batidas do Teu coração desperta um prazer tão grande em Ti, meu Deus.

Quero ser sempre agradável, dando alegria e prazer a Ti, Senhor. Ajuda-me a priorizar, redirecionar e andar incansavelmente seguindo os caminhos do Teu coração. Que o clamor do meu interior seja como o de Moisés: "Só irei se Tu fores comigo".

Pai, opera em mim através do Teu Filho Jesus aquilo que é agradável aos Teus olhos. Instrui-me no caminho que devo seguir, para que eu dê frutos de boas obras, cresça no conhecimento de Ti e seja diligente para me mostrar aprovado. Escolho ser guiado no caminho do deserto que dá honra e glória a Ti.

Que agradar-Te, Pai, seja a maior ambição da minha vida, de tal forma que quando a minha vida deste lado da eternidade terminar, se diga de mim que andei fielmente com Deus, escolhendo oferecer a Ele o prazer da minha companhia.

(Oração extraída de: Gênesis 5:24; 2 Coríntios 5:9; Hebreus 12:28; Hebreus 11:5; Romanos 14:17-18; Êxodo 33:15; Colossenses 1:10; Salmos 32:8; Hebreus 13:20-21)

14

A Oferta

Como a maioria de vocês, também tive a minha cota de momentos constrangedores.

- Parabenizando a mulher grávida que não estava grávida (quando eu era jovem e idiota).
- Esquecendo-me de nomes (sou famoso por isso).
- Cumprimentando como um casal a duas pessoas que eram casadas — mas não uma com a outra.
- Apresentando uma pessoa a um amigo e errando o nome dele.
- Comparecendo a uma igreja para pregar quando não estavam me esperando (confusão de agendas feita por um terceiro).

- E é claro, o maior medo de todo homem — meu zíper ficar aberto em público.

Passei por coisas muito piores, mas vou preservar um pouco da minha dignidade. Jesus também teve alguns momentos constrangedores — pelo menos as situações teriam deixado a maioria de nós constrangidos. Em Seu estilo inimitável, Ele não pareceu Se importar com eles. Um dos piores deve ter sido a atenção inesperada que Ele recebeu de uma prostituta.

Jesus havia sido convidado para jantar na casa de um fariseu (ver Lucas 7:36-50). Como a elite religiosa daquela época, os fariseus eram orgulhosos, legalistas e se sentiam superiores aos demais homens. Sempre disposto a apontar a hipocrisia deles, Cristo teve mais de um desentendimento com os membros daquela seita. Foi esse grupo, na verdade, que liderou o movimento para crucificá-Lo. Esse fariseu obviamente não acreditava que Jesus era o Messias; ele era apenas um cético curioso tentando refutar as credenciais do Senhor. Com o seu espírito crítico e a sua mentalidade cética, os fariseus eram conhecidos por isso.

Quando eles estavam comendo, uma mulher descrita simplesmente como uma "pecadora" apareceu sem ser anunciada e sem ser convidada. A nota de rodapé na minha Bíblia a chama de "uma mulher imoral", e a maioria dos estudiosos acreditam que ela, na verdade, era uma prostituta. Você pode imaginar o choque e a indignação desse fariseu cheio de justiça própria quando uma "prostituta" entrou em sua casa — o texto deixa claro que ele conhecia o estilo de vida dela. Mas a indignação dele aumentou ainda mais quando ela seguiu em frente com suas intenções.

Ao saber que Jesus estava comendo na casa do fariseu, certa mulher daquela cidade, uma pecadora, trouxe um frasco de alabastro com perfume, e se colocou atrás de Jesus, a Seus pés. Chorando, começou a molhar-Lhe os pés com suas lágrimas. Depois os enxugou com seus cabelos, beijou-os e os ungiu com o perfume.

Lucas 7:37-38

Que constrangedor!

Não sei ao certo o quanto eu ficaria constrangido se uma prostituta de renome aparecesse em um jantar e, *diante de uma sala cheia de pessoas*, começasse a banhar e a beijar os meus pés, secando-os depois com seus cabelos. Estou certo de que eu a faria parar bem depressa e garantiria a todos que jamais havia visto aquela pessoa. A preocupação com a minha reputação superaria a minha compaixão.

Jesus, porém, não pareceu Se importar. Ele não ficou constrangido com essa demonstração de afeto extravagante de uma mulher da vida desesperada. Na verdade, parece que Ele recebeu bem as ações dela e ficou comovido, vendo aquilo como um sinal de arrependimento e um grito por socorro — e não como uma proposta inadequada. E Ele sempre era tocado por um coração sincero e faminto. Depois de um curto diálogo com o fariseu religioso, Jesus o chamou de insensível e declarou a prostituta perdoada; declarou-a pura, e ele impuro. Isso enfureceria qualquer coração farisaico, não é mesmo? O Senhor não Se importou. A adoração de uma prostituta arrependida era muito mais realizadora para Ele do que uma refeição com um fariseu arrogante.

O perfume usado por aquela mulher era a mirra, um óleo muito aromático e caro, usado para ocasiões importantes. Por exemplo, quando nasceu, Jesus recebeu mirra dos magos, algumas vezes chamados de sábios. O aroma da mirra era forte o bastante para que Cristo carregasse a fragrância do ato de adoração daquela mulher com Ele enquanto seguia o Seu caminho. Estou certo de que isso deu grande prazer ao Salvador. Todas as vezes que sentia o perfume, Ele sentia o cheiro de uma vida transformada, de um propósito restaurado e de um novo membro de Sua família celestial.

Talvez Ele tenha pensado no Salmo 45, que prevê o Seu casamento com a Igreja, Sua Noiva. Com certeza Jesus conhecia bem os salmos. O versículo 8 desse salmo diz que, no Seu casamento, as Suas vestes carregarão a fragrância da mirra. O Cântico dos Cânticos, que a maioria dos estudiosos cristãos concorda que é uma alegoria que retrata Cristo e Sua

Noiva, também fala muito da fragrância da mirra na recâmara (ver Cântico dos Cânticos 5:1, 5, 13).

Seria possível que aquela prostituta, que provavelmente usava a mirra em seu "trabalho", conhecesse esses trechos populares das Escrituras? Seriam as suas lágrimas arrependidas, misturadas com a mirra perfumada, o grito apaixonado de uma pecadora cheia de vergonha se perguntando se ela algum dia poderia ser aceita como parte da Sua eterna Noiva? Gosto de acreditar que sim.

E a reação do Noivo? *"Eu ainda desejo você. A sua impureza não existe mais, os seus pecados estão perdoados e a sua vergonha foi removida. Você é linda para Mim"*. A *ex*-prostituta deixou a casa comprometida em noivado com o Salvador, enquanto o fariseu confiante saiu da situação ainda se prostituindo com o sistema religioso com o qual ele dividia a cama.

Jesus responde ao amor, e não à religião; à sede, e não à curiosidade. Ele está procurando por aqueles que querem o *prazer* da Sua companhia, e não a *diversão* da Sua companhia. O coração Dele ficou comovido, não com uma refeição suntuosa com um estranho curioso, mas com o coração sedento de uma pecadora comum. Os curiosos podem semear uma refeição, mas os desesperados semearão suas lágrimas... e, é claro, perfume.

Já no fim do ministério de Cristo, outra adoradora derramou um perfume caríssimo sobre a cabeça e os pés de Jesus (ver João 12:1-8). Era caríssimo, custava o valor equivalente a um ano de salário com base na renda média daquele tempo. Isso foi feito pela mesma Maria que se sentou aos Seus pés, hipnotizada com as Suas palavras, em Lucas 10:38-42. Ela era a irmã de Marta e de Lázaro, a quem Jesus ressuscitou dos mortos.

O momento da oferta de Maria foi poucos dias antes da Sua morte, e Jesus disse que ela O estava ungindo para o Seu enterro. Se Maria captou a realidade das palavras de Jesus sobre Sua morte e ressurreição iminentes ou se Jesus estava simplesmente aceitando a oferta considerando-a a partir dessa perspectiva, não está claro. Sabemos de duas coisas: foi uma oferta caríssima oferecida por Maria — e ela foi preciosa para o Senhor. *"Em qualquer lugar do mundo inteiro onde este evangelho for anunciado, também o que ela fez será contado, em sua memória"*, Ele declarou (Mt 26:13).

Quem sabe a fragrância que permaneceu em Seus cabelos tenha ajudado a sustentá-Lo quando Ele agonizava no Getsêmani. Talvez o doce aroma O tenha consolado durante as seis horas torturantes na Cruz.

Nunca subestime a fragrância da adoração.

Outros na sala acharam que a oferta de Maria era um desperdício. Alguns a repreenderam. Conheço esse sentimento. Quando cancelei todas as outras atividades por três meses na nossa igreja, em Colorado Springs, esbanjando noventa dias de adoração ao Senhor, 24 horas por dia, 7 dias por semana, eu também fui criticado. Um líder cristão muito famoso me repreendeu severamente, chamando os noventa dias de adoração de "um total desperdício de tempo".

É fascinante como as perspectivas das pessoas podem ser diferentes. Para mim, aqueles três meses continuam sendo os melhores três meses da minha vida. Eles foram o meu vaso de alabastro de perfume caríssimo, a maior oferta que já tive o prazer de dar a Cristo. Para o homem que me repreendeu, foi um total desperdício de tempo. Nunca permita que a falta de revelação dos outros diminua o valor da sua oferta. Não dilua o seu perfume para economizar um pouco, nem substitua a sua melhor "mirra" por alguma marca inferior barata. Dê a Ele o seu melhor.

Os outros podem zombar do seu sacrifício de tempo, mas vá em frente e "desperdice-o" com Ele. Alguns irão repreendê-lo, chamando o seu louvor apaixonado de radicalismo, mas derrame a sua oferta apesar da zombaria deles. Outros, por sua vez, rotularão a sua adoração extravagante de zelo religioso excessivo. Não deixe que a crítica equivocada deles o detenha — derrame o seu perfume caríssimo!

A lista dos seguidores de Cristo presentes na sala naquele dia é impressionante. Os doze discípulos estavam ali. Você poderia pensar que eles entenderiam a oferta, mas eles também foram práticos: "Isto deveria ter sido dado aos pobres", foi o protesto deles. Os pensamentos de Cristo? *Vá em frente e unja-Me, e Eu serei a oferta aos pobres.*

Simão, o leproso, (ou deveríamos dizer "ex-leproso"?) estava presente. Na verdade, eles estavam na casa dele. Você poderia pensar que a nova pele que ele ganhou, os novos membros que ele recebeu em seu corpo e a sua vida restaurada mereceriam o "desperdício" de um pouco de perfume caríssimo em Jesus. Aparentemente não. Pelo menos ele não saiu em defesa de Maria. E havia Lázaro, o irmão de Maria, a quem Jesus havia ressuscitado dos mortos. Com certeza ele veria a validade do sacrifício de sua irmã. Mas não, ele também não saiu em sua defesa.

Seria possível que a familiaridade dos outros com Cristo tivesse diminuído o Seu valor? Não sabemos. Sabemos que somente uma adoradora naquele dia teve a plenitude da revelação necessária para ungir o Salvador. Infelizmente, isso é típico. A maioria perde a oportunidade. Não é incomum ver adoradores desperdiçarem oportunidades de quebrar o seu vaso de alabastro de amor e derramá-lo sobre o Mestre. Mas eles estiveram perto Dele por tanto tempo, cantaram tantas canções e fizeram tantas orações que a experiência deixou de ter o valor que costumava ter. Então, eles passam a dar-Lhe um louvor simbólico e uma adoração diluída; um perfume barato. Duvido que a duração do aroma vá além do almoço de domingo.

Então, enquanto os outros naquele dia desperdiçavam uma oportunidade de consolar Deus, Maria "desperdiçou" o seu perfume. A sua fragrância O sustentou em meio aos espancamentos, à zombaria, às cusparadas, aos cravos e aos espinhos.

Não permita que outro dia se passe sem que você se torne um dos "criadores de fragrância". Não deixe que nada o detenha. Seu vaso de alabastro é o seu coração, e seu amor e adoração são o perfume. Quebre-o e derrame o que há dentro dele. Diante do aroma da sua oferta, Ele virá. E Ele terá prazer no seu perfume, assim como teve prazer no perfume de Maria.

Oração

Pai, como é grande este amor que Te move a receber pecadores prostrados aos Teus pés. É esse amor extravagante que Te levou a dar a vida do Teu Filho, Jesus, que agora se levanta em minha defesa. Que incrível é esse amor!

Como uma oferta de libação, Jesus, derramaste a Tua vida e fizeste para mim um caminho até o Pai. E embora a Tua oferta seja inigualável, quero ser por todos os meus dias uma oferta de amor derramada diante de Ti. Que eu nunca permita que as opiniões dos outros ou que a preocupação com a minha reputação detenham as minhas paixões ou retenham o meu olhar apaixonado na Tua direção.

Agradeço-Te, Jesus, por receber e apreciar o meu tempo, os meus talentos, a minha devoção e o meu coração como um vaso de perfume de alabastro. Que eu derrame livremente cada gota da minha vida como uma demonstração abundante de adoração, um aroma que seja agradável a Ti.

Recuso-me a permitir que a falta de revelação dos outros barateie a minha oferta. Jesus, Tu és digno do melhor. Abro o meu coração em adoração apaixonada; nunca receberás versões diluídas de mim. Quando os meus dias chegarem ao fim, que o meu epitáfio diga: "Uma vida gasta em Jesus; uma fragrância que adorna o Rei Noivo".

(Oração extraída de: Ezequiel 20:41; Lucas 7:37-38; Marcos 14:3-9; Salmos 45:8; Cântico dos Cânticos 1:12, Cântico dos Cânticos 5:1, 5, 13; 2 Coríntios 2:14)

15

A Amizade

Intitulei-me cristão por dezessete anos, antes de descobrir que eu poderia ter um relacionamento realmente pessoal com Deus. Antes disso, certamente O conhecia como Deus e definitivamente O conhecia como o meu Salvador. Entretanto, eu não O conhecia como meu Pai, e andar com Ele como um amigo era algo que eu nem sequer tinha em mente. Satanás e seu bando, com muita ajuda da religião, pintaram Deus como um ser muito distante e que não Se relaciona conosco. Embora não paremos para refletir sobre isso, nosso Criador é considerado principalmente o Juiz ou, em tempos de crise, um meio de ajuda possível, mas improvável. Mas nosso adversário não é nada, a não ser um enganador muito habilidoso.

A ideia de uma amizade com Deus é mais do que simplesmente

intrigante para mim. Ela me constrange! Ela mexe com o meu coração e me desperta. Como a volta para casa de uma tartaruga do mar, que sente uma atração invisível e irresistível chamando-a de volta ao lugar de seu nascimento, essa ideia me encanta. De algum modo eu sei, no mais íntimo do meu ser, que esse é o meu destino, o meu lar. Nós fomos concebidos nesse lugar no coração de Deus onde Ele deseja ser nosso amigo. A nossa busca e destino deve ser encontrar esse lugar outra vez.

Há alguns anos, eu estava caçando alces nas montanhas do Colorado quando vi um monumento à amizade. No alto de uma montanha, próximo à beira do penhasco onde se podia ver uma das vistas mais majestosas imagináveis, havia uma placa encaixada em uma pedra. Lágrimas vieram aos meus olhos quando li as palavras esculpidas nela.

> Em memória do meu amigo e parceiro de caça, [nome], com quem percorri estas montanhas de 1963 a 2003. Ele amava estas montanhas, estes rios, estes picos cobertos de neve e estes lindos vales. Saudades.
>
> [Nome]
>
> 1930-2003

Pode parecer excessivamente dramático, mas tirei o chapéu e fiquei em pé em silêncio, honrando a amizade que aqueles homens tiveram. Tentei imaginar as alegrias e lembranças vividas, assim como a dor da perda que aquele velho guerreiro deve ter sentido quando subiu essa montanha, com aquela placa em sua mão, para honrar a memória de um verdadeiro amigo. Podemos apenas imaginar as horas que eles compartilharam um com o outro. A única maneira de entender realmente o companheirismo que nasce entre amigos quando eles dividem a maravilha e a grandiosidade da Criação juntos é experimentando-o. Pensei nisso enquanto estava ali, olhando a vastidão das Montanhas Rochosas. Então pensei em quão maior é a grandeza de compartilhar momentos como aquele com o próprio Criador.

Uma amizade sugere proximidade e leva tempo para se desenvolver.

Ela é feita de confiança, compatibilidade, afeto e, é claro, um alto nível de conhecimento interpessoal. Tenho muitos conhecidos, mas poucos são aqueles a quem chamo de amigos. Os poucos que classifico assim são aqueles com quem gosto de passar tempo de qualidade compartilhando as experiências da vida. Somos vulneráveis uns com os outros, comunicando livremente nossas esperanças e sonhos. Celebro as minhas vitórias com eles e eles me consolam quando estou sofrendo. Mantemos as coisas em um plano real. Minhas defesas caem quando estamos juntos; com eles, abaixo a minha guarda e sou transparente, sem medo de deixar que eles vejam o verdadeiro eu — a versão sem verniz. Sei que posso sempre contar com eles e eles comigo. Muitas outras características que definam a amizade poderiam ser dadas, mas isto é claro: a amizade define o mais alto nível de relacionamento.

Às vezes, acho graça quando ouço um cristão fazer referência a Deus como seu "amigo". Havia um corinho popular há alguns anos sobre ser amigo de Deus. Eu gostava da canção, mas quando ouvia as multidões cantando não podia evitar pensar no quanto aquilo não era verdade para a maioria deles. Suponho que seja bom cantar isso como um lembrete da oferta de Deus a nós, assim como meus pais costumavam cantar "Em Jesus Amigo Temos". Essas canções podem ser uma realidade para aqueles que as escreveram, mas para a maioria das pessoas, elas simplesmente não são reais. A maioria dos cristãos não vive a verdadeira intimidade com Deus, passa muito pouco tempo com Ele e tem um conhecimento muito limitado do Seu coração e dos Seus caminhos. "Um conhecido casual" definiria melhor o relacionamento deles com Deus. Não devemos diminuir o valor da verdadeira amizade, igualando-a ao relacionamento que temos com conhecidos casuais.

Antes que alguém me entenda mal, quero dizer, porém, que a amizade com Deus é possível para todo crente e é o desejo Dele para nós. Depois da queda de Adão, a caminhada de Abraão com Deus foi a primeira e provavelmente a mais profunda revelação desse nível de relacionamento. Por três vezes na Bíblia, Deus o chamou de Seu amigo — e é isso que Ele deseja para cada um de nós. Essa não é apenas uma parte do nosso destino, é parte do sonho de Deus.

Ao expor o nosso entendimento superficial da amizade com Deus e o fato de que tão poucos a experimentam, não tenho a intenção de questionar nossas intenções e motivos. A verdade é que somos muito semelhantes a Abraão no início da sua jornada com o Senhor. A maioria de nós começa a nossa caminhada com Deus assim como ele — querendo os benefícios que Ele oferece. Não estamos muito interessados nos Seus sonhos; provavelmente nem sequer temos consciência de que Ele tenha algum sonho. Mas estamos cientes de que Ele pode nos ajudar com os nossos sonhos, por isso fazemos acordos com Ele, falamos com Ele primeiramente com base nas nossas necessidades, e lembramos a Ele que Ele é o nosso Pai — a nossa fonte.[11]

Em um sermão intitulado "A Oração do Discípulo", Haddon Robinson conta a seguinte história, que ilustra o nosso começo ignorante e inapropriado.

> Quando nossos filhos eram pequenos, fazíamos uma brincadeira. Eu escondia algumas moedas em minha mão fechada. Eles se sentavam no meu colo e se esforçavam para abrir meus dedos. De acordo com as regras internacionais de abertura de dedos, depois que o dedo estava aberto ele não podia ser fechado outra vez. Eles se esforçavam, até pegar as moedas da minha mão. Eles pulavam do meu colo e saíam correndo, cheios de prazer e alegria. Eram só crianças. Era apenas uma brincadeira.
>
> Às vezes, quando nos aproximamos de Deus, vamos a Ele por causa das moedas em Sua mão.
>
> — Senhor, preciso de uma boa nota para passar de ano. Ajuda-me a estudar.
>
> — Senhor, preciso de um emprego.
>
> — Senhor, preciso de um carro.
>
> Procuramos as moedas. E depois vamos embora.[12]

Todos nós somos tão incuravelmente humanos. Vemos Deus primeiramente como o nosso Provedor. Será que realmente O conhecemos como um amigo? Não, não no início da nossa jornada. Mas Deus entende isso, e em Seu amor e humildade está disposto a nos encontrar onde estamos. *"Ele nos amou primeiro"*, diz a Bíblia (1 Jo 4:19), não foi o contrário. O Seu amor nos abraça e nos torna Seus filhos. E assim como um filho natural não começa o seu relacionamento em um nível de amizade com a mamãe e o papai, o nosso Pai celestial sabe que também não começaremos assim com Ele.

A maioria de nós, quando éramos mais jovens e morávamos na casa dos nossos pais, confiava neles para a nossa provisão. E deve ser assim. Mas para muitos de nós chegou um dia em que quisemos ser mais do que apenas um filho bem cuidado. Pelo menos aconteceu comigo — eu quis ser amigo dos meus pais. A essa altura eu me importava mais com a felicidade, o bem-estar e os sonhos deles do que com o dinheiro deles. Eu queria dar a eles mais do que tirar deles. Já não falávamos mais somente sobre a minha felicidade; discutíamos coisas que interessavam a eles também. Ao longo dos anos, a fé deles foi sendo transferida para mim, e sonhávamos juntos em fazer a diferença para Deus. O nosso relacionamento havia amadurecido e se transformado em amizade.

O mesmo aconteceu com Abraão. Ele iniciou a sua jornada com Deus em busca de terras, bênçãos e grandeza. Ele abraçou a promessa de um filho biológico por intermédio de quem ele geraria uma grande nação. Mas felizmente, o relacionamento cresceu. Houve até alguns obstáculos no caminho. Quando Deus não deu o filho que havia prometido a Abraão e Sara da maneira que eles esperavam, eles demonstraram sua falta de confiança decidindo ter um filho por meio de Agar, a serva de Sara.

Ainda assim, embora Abraão tenha demonstrado sua humanidade, no fim ele provou que a sua confiança em Deus havia crescido a um nível que poucas pessoas jamais atingiriam. Ele estava disposto até a sacrificar Isaque, seu filho muito esperado, acreditando que se o fizesse, Deus ressuscitaria Isaque dos mortos. Que confiança!

O Senhor estimava tanto Sua amizade com Abraão que, quando

Abraão morreu, Ele providenciou que Abraão fosse enterrado em Hebrom, que significa "amizade". Não posso evitar crer que, assim como a placa do amigo no topo da montanha, aquele foi o tributo de Deus à amizade deles. Gosto de imaginar que quando Abraão chegou ao Céu, talvez Jeová levantou-se, chamou a atenção de todos e honrou o velho patriarca: *"Este é Abraão, Meu amigo. Sonhamos juntos e desfrutamos o prazer da companhia um do outro"*.

Quando Deus estiver procurando alguém na Sua família com quem Ele possa ser vulnerável, um amigo com quem Ele possa compartilhar as Suas esperanças, sonhos e, sim, até as Suas decepções, espero que Ele sinta que pode contar comigo. E quando a minha vida terminar e o meu corpo repousar, se puder ser dito que Ele e eu éramos amigos, minha vida terá sido um sucesso.

Oração

Pai, sou imensamente grato porque ser Teu amigo é o Teu maior desejo para nós. Obrigado, Jesus, por restaurar a amizade com Deus para cada crente, cumprindo nosso destino e o sonho do coração de Deus.

Obrigado por receber amorosamente a minha conversa infantil como uma oferta genuína de um coração imaturo. Ainda assim, o Teu amor é tão grande que Tu me encontras onde estou e me levas ternamente para o lugar de profunda intimidade e confiança. Que eu possa sempre responder ao Teu convite, de tal maneira que a busca da minha vida seja encontrar esse lugar de verdadeira amizade e viver completamente rendido diante de Ti.

Deus, quando estiveres procurando por alguém na Tua família com quem possas ser vulnerável, um amigo com quem possas compartilhar os Teus sonhos, esperanças e, sim, até as Tuas decepções, espero que sintas que podes contar comigo. E quando a minha vida terminar e o meu corpo repousar, se puder ser dito que Tu e eu éramos amigos, minha vida terá sido um sucesso.

(Oração extraída de: Romanos 5:10; 1 João 4:19; Tiago 2:23; Jó 29:4; João 17:22; Provérbios 3:5-6; Salmos 37:4; Salmos 16:11)

16

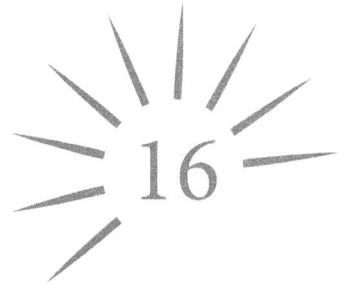

A APROXIMAÇÃO

Como você já sabe a esta altura, amo a natureza e a vida ao ar livre. O nascer do sol, o pôr do sol, as montanhas, os oceanos, os rios, os riachos, as árvores — simplesmente acho Deus um ótimo artista. Também gosto de observar os animais. Já vi esquilos recolherem nozes, coelhos mordiscarem folhas e vegetais e pica-paus baterem insistentemente nas árvores — como eles fazem aquilo sem chacoalhar seus cérebros? Você já viu um beija-flor de perto? As asas deles batem um zilhão de vezes por segundo! Observou uma águia quando voa? Suas asas não se movem! Como Deus inventou todas essas coisas?

Gosto de observar os alces e de escutá-los também. Os sons que eles fazem são fascinantes. Você ainda não ouviu todas as maravilhas da natureza até ouvir o chamado de um alce macho. Quando você o escuta de perto, é uma das coisas mais intensas que você pode imaginar. Em época de acasalamento, você pode chamar um alce macho usando cornetas que imitam o som de uma fêmea de alce no cio. Atraídos como mariposas pela luz, eles vêm correndo. Quando se aproximam, é com uma determinação tenaz e violenta. Eles gritam, urram e bufam, tanto para alertar a fêmea de que estão vindo quanto para advertir a qualquer alce macho na área que aquela é a namorada dele — caiam fora!

O grito do alce começa de centenas de metros de distância e continua à medida que ele se aproxima, com um intervalo de alguns minutos entre cada grito. Na primeira vez em que ouvi, fui ficando cada vez mais "ligado", com a adrenalina subindo a cada grito. Eu estava convencido de que o arcanjo Gabriel estava vindo pelas matas com a sua trombeta. Estávamos escondidos em uma moita e o especialista em chamados de animais estava atraindo o alce para cada vez mais perto. Finalmente, o Sr. Alce estava a menos de dez metros de distância. Ainda incapaz de nos ver, mas sabendo que sua "namorada" estava perto, ele urrou, emitiu um grito de estremecer os ouvidos, soltou um pouco de baba (parece que isso é sedutor para a fêmea do alce!), bateu com as patas no chão... e eu fiz as pazes com Deus! Foi realmente assustador.

Se você nunca ouviu o chamado de um alce macho, coloque isso na sua lista de coisas a fazer antes de morrer.

Ao contrário do que se possa pensar, a capacidade visual de um alce não é muito boa. Eles confiam mais nos seus sentidos de audição e olfato. Eu estava observando uma pequena manada dessas criaturas majestosas uma tarde logo antes de anoitecer. O vento soprava à direita, levando o meu cheiro para longe deles, e havia cobertura suficiente entre a manada e eu para rastejar por cerca de vinte metros mais ou menos. Finalmente, apenas para ver se eu podia fazer isso, rastejei, muito lentamente, para uma área aberta e os observei. Eles não me viram.

Uma das coisas que mais me intrigaram foi a agitação das orelhas deles. Sempre vigilantes, cada vez que eles ouviam um som, suas orelhas se levantavam para ouvir ainda melhor. Quer estivessem comendo, bebendo ou dando um passo, eles eram sempre cuidadosos em ouvir alguma ameaça em potencial — suas vidas dependiam disso. Enquanto eu os observava, o levantar das orelhas deles lembrou-me uma palavra que eu havia estudado (eu sei, tenho essa coisa com o estudo das palavras, elas me fazem querer urrar como um alce). Lembrei-me que este era o significado literal de uma das palavras hebraicas para "ouvir", *qashab*: "levantar as orelhas como um animal entrando em alerta". Aquela imagem vívida, pintada pelo alce, realmente valeu por mil palavras.

Um dos lugares em que *qashab* é usada é em Provérbios 4:20-22, uma passagem muito conhecida da Bíblia:

> *Filho Meu, atenta para as Minhas palavras; às Minhas razões inclina o teu ouvido. Não as deixes apartar-se dos teus olhos; guarda-as no íntimo do seu coração. Porque são vida para os que as acham e saúde para todo o seu corpo* (ACF, grifo do autor).

O meu entendimento de "atentar" às palavras do Senhor alcançou um nível inteiramente novo enquanto eu observava as orelhas sempre vigilantes dos alces. *Sempre ouça cuidadosamente a Sua voz, como se a sua vida dependesse disso*, foi o que me veio à mente. *Não importa o que mais você esteja fazendo, permaneça sintonizado Nele.*

A maneira número 1 de "ouvirmos" a Ele, é claro, é por intermédio da Sua Palavra escrita, a Bíblia. Se dermos mais do que uma olhada casual em suas páginas, Ele se comunicará conosco por meio dela, nos revelando os tesouros escondidos de sabedoria e conhecimento. A passagem de Provérbios chama essas pedras preciosas de verdadeiros produtores de "vida" e "saúde".

Entretanto, Deus também fala conosco de outras maneiras além das Escrituras. Jesus disse que as Suas ovelhas ouvem a Sua voz (ver João 10:27). Naturalmente, essas mensagens devem ser avaliadas com base na Bíblia. Passar tempo com Deus em oração, adoração e meditação silenciosa sintoniza a alma e desperta o coração, permitindo que O ouçamos.

A vida é barulhenta — faça-a aquietar-se de vez em quando. Tudo o mais clamará pela sua atenção, mas não o Senhor. O Espírito Santo se recusa a gritar acima do clamor e da dissonância criada por outras vozes e atividades. Para aqueles que se apaixonaram pelo prazer da Sua companhia o suficiente para reservar um tempo para Ele, entretanto, a voz mansa e suave do Espírito Santo se torna facilmente discernível.

A vida anda rápido. Rápido demais. O colunista da revista *The Economist*, Dan Montano, escreveu:

> Todas as manhãs na África, uma gazela desperta. Ela sabe que precisa correr mais rápido que o leão mais veloz ou será morta. Todas as manhãs, um leão desperta. Ele sabe que precisa correr mais depressa do que a gazela mais lenta ou morrerá de fome. Não importa se você é um leão ou uma gazela; quando o sol nascer, é melhor começar a correr.[13]

Como isso é verdadeiro no que se refere a nós também! No entanto, esse texto deveria descrever o mundo dos negócios, e não a sua vida devocional. A velocidade tem o seu lugar, e às vezes é necessária. Mas quando for ouvir o Espírito Santo, ouça lentamente. Ele é paciente, mas não se deixará transformar em algo trivial, aceitando olhares ocasionais na Sua direção e conversas superficiais. Assim como qualquer amante, Ele quer ser valorizado.

Vire-se e procure ouvir a Sua voz. Esse é um dos significados da palavra "atentar" (*natah*) em Provérbios 4:20. Moisés viu uma sarça que ardia em fogo, mas não se consumia, e decidiu "virar-se" para ver aquilo (ver Êxodo 3:3, ACF). Quando ele fez isso, o Senhor falou com Ele. Se nos virarmos, Ele falará conosco também. Mas Ele não falará até estarmos cativados o bastante para nos virarmos.

A palavra *natah* significa "estender-se na direção de, como se esticasse o pescoço para ver ou ouvir melhor". A fêmea da ave popularmente conhecida como grou, que tem um pescoço longo, é chamada de "grua" e representa uma boa analogia para essa palavra. Estenda o pescoço como se fosse uma "grua" em direção a Deus a fim de ouvir clara e facilmente o que Ele diz. Demonstre a Ele que você O valoriza; mostre interesse nas Suas palavras. Se você fizer isso, Ele falará.

É interessante que estas mesmas duas palavras, *qashab* e *natah*, não descrevem apenas nós ouvindo a Deus, mas também Ele nos ouvindo. Ele também afina os ouvidos e estende o pescoço, para ouvir as vozes de Seus filhos. Como os ouvidos atentos de uma mãe amorosa com seu bebê recém-nascido, Deus está vigilante aos sons e movimentos dos Seus pequeninos. Malaquias 3:16 (ACF) nos diz:

> *Então aqueles que temeram ao Senhor falaram frequentemente um ao outro; e o Senhor atentou e ouviu; e um memorial foi escrito diante Dele, para os que temeram o Senhor, e para os que se lembraram do Seu nome* (grifo do autor).

"Atentar" é *qashab*. Os ouvidos atentos de Deus se ergueram quando alguns de Seus filhos começaram a falar sobre Ele, e isso Lhe agradou. "Anote isso", Ele disse a um dos Seus assistentes.

A religião ou pessoas mal informadas podem ter lhe vendido uma mentira, dizendo que Deus está distante de nós, mas não acredite nisso. Ele não apenas é Todo-Poderoso, como também é *Todo-Ouvidos* — Ele está sempre atento à nossa voz.

Em Salmos 40:1, Davi diz do Senhor: *"Coloquei toda minha esperança no Senhor; Ele se inclinou para mim e ouviu o meu grito de socorro"* (grifo do autor). "Inclinou" é *natah*; significa Deus erguendo o pescoço e estendendo-o na direção do clamor de Davi. O Salmo 40 inteiro é maravilhoso, mas os versículos que seguem descrevem uma parte da resposta arrebatadora de Davi diante do favor e da misericórdia do Senhor.

> *Ele me tirou de um poço de destruição, de um atoleiro de lama; pôs os meus pés sobre uma rocha e firmou-me num local seguro.*

> *Pôs um novo cântico na minha boca, um hino de louvor ao nosso Deus. Muitos verão isso e temerão, e confiarão no Senhor.*

Como é feliz o homem que põe no Senhor a sua confiança, e não vai atrás dos orgulhosos, dos que se afastam para seguir deuses falsos!

Senhor meu Deus! Quantas maravilhas tens feito! Não se pode relatar os planos que preparaste para nós! Eu queria proclamá-los e anunciá-los, mas são por demais numerosos!

Salmos 40:2-5

"São por demais numerosos" é a frase que Davi usou para descrever os planos do nosso Pai para nós. Ele nos ama, e quando nos viramos para Ele, Ele Se vira para nós. O encontro face a face que acontece então é um dos maiores prazeres da vida. Não permita que o ritmo louco e os ruídos barulhentos roubem você. Desacelere e ouça.

Oração

Obrigado, Pai, por seres o Deus que está sempre atento a cada som dos corações de Teus filhos. Do Teu trono de glória, Tu Te inclinas para ouvir a minha voz e atender às minhas orações. Como isso é maravilhoso!

Que os sons que Tu ouves em minha vida sejam tão agradáveis, que no livro de memórias do Céu algumas anotações se refiram ao meu nome, detalhando todas as maneiras pelas quais derramei o meu amor por Ti e estimei grandemente o Teu Nome.

Senhor, quero ouvir a Tua voz e responder alegremente aos apelos do Teu belo coração. Que eu possa estender sinceramente o meu coração em Tua direção, ouvindo e dando atenção a cada palavra Tua. Atrai-me aos tesouros escondidos que estão nas páginas do Teu Livro. As Escrituras contêm sabedoria, conhecimento, vida e saúde para mim; elas são o meu pão diário.

Não quero ser um ouvinte casual, mas esperar em Ti e aquietar o meu coração para ouvir, esforçando-me cuidadosamente para prestar atenção e dar valor às Tuas palavras. Que eu possa me virar com frequência como uma ovelha que discerne bem e segue fielmente o som da voz do Pastor. Estou ouvindo...

(Oração extraída de: Salmos 40:1, Salmos 66:19; Malaquias 3:16; Provérbios 2:1-2, Provérbios 5:1, Provérbios 4:20-22; João 10:27; Êxodo 3:3)

Os Que Não Se Destraem

Gosto de futebol americano. Tudo bem, na verdade eu amo o futebol americano. E para todos os fãs da Liga Nacional de Futebol Americano, os Dallas Cowboys podem ser o time da América, mas como qualquer verdadeiro fã sabe, os Denver Broncos são o time de Deus. Foi por isso que Ele fez o céu azul e o pôr do sol laranja — nas cores do time.

Há vários anos, quando a minha filha mais nova, Hannah, tinha apenas três ou quatro anos de idade, eu estava assistindo a um ótimo jogo *decisivo dos Broncos*. Você captou isso? Não era apenas um jogo — era um jogo decisivo dos Broncos. Eu estava com o fogo aceso na lareira, havia me reclinado na minha cadeira de assistir futebol e estava envolvido em um grande jogo. Hannah não entendia de futebol e não tinha qualquer interesse no jogo.

Ela pulou no meu colo e, como as meninas fazem, começou a tagarelar sobre alguma coisa. Ela não estava falando sobre nada extremamente importante — pelo menos eu não pensei que fosse tão importante. Mas eu estava ouvindo. Mais ou menos. Na verdade, dividia a minha atenção entre os comentários dela e as proezas de John Elway em campo. *Isso é que é ter um verdadeiro momento de devoção com a minha filha,* pensei. *Dividir o meu tempo de futebol com a tagarelice infantil dela. Mesmo durante um jogo decisivo dos Broncos. Que pai maravilhoso eu sou.*

Eu estava seguindo aquela rotina típica de quem ouve, mas está distraído, tipo "hã-hã", e "oh, não!", às vezes com um sorriso e balançando a cabeça de vez em quando para dar mais efeito. É claro que eu estava perdendo uma jogada aqui e ali, mas, meu amigo, esse é o preço da *devoção*.

Hannah sempre foi muito perspicaz. E, é claro, ela tem aquela característica específica das mulheres de querer que os homens da vida delas realmente as ouçam. Não sei quando esse gene específico se instala nas mulheres, mas ele obviamente entra em operação muito mais cedo do que eu imaginava. Depois de alguns minutos recebendo a minha atenção dividida, Hannah finalmente ficou farta.

— Papai — ela disse bastante séria, enquanto colocava um dedo indicador em cada bochecha e virava o meu rosto diretamente para ela. — Olhe nos meus olhos e ouça!

As mulheres aprendem essas coisas muito cedo!

Olhei-a nos olhos e ouvi. Isso, meu amigo, é devoção *sem distração*.

Paulo fala sobre essa "devoção sem distração", em 1 Coríntios 7:35 (ACF) falando do nosso compromisso com o Senhor. Essa expressão vem de uma palavra grega, *euprosedros*. Apenas o radical *prosedros* sem o prefixo significa "sentar-se inclinado para a frente ou em direção a" alguém ou alguma coisa. Imagine uma pessoa sentada na presença de alguém a quem ela é completamente dedicada, inclinada na direção dela a fim de ouvir cada palavra. Mais uma vez, o prefixo *eu* significa "bem", intensificando o conceito para "sentar-se bem inclinado para"; daí a tradução "devoção sem distração". Em nossa cultura de hoje costumamos usar uma expressão semelhante, "sentado na beirada da cadeira". Obviamente, queremos dizer com isso que estamos totalmente envolvidos por alguém ou por alguma coisa.

Hannah queria que eu "me sentasse inclinado bem em direção" a ela, dando-lhe algum tempo face a face. Minha filha precisava saber que ela, e não os Broncos, era a número 1. E ela era. Naquele instante, a minha cor favorita não era laranja; era marrom, a cor dos seus olhos.

Deus gostaria de ter algum tempo face a face com você. Ele sabe que você é ocupado e não pode viver como um monge, dedicando-se à adoração e à meditação ininterruptas. Ele também está ciente de que você tem uma família para cuidar, um trabalho para fazer e necessidade de dormir. Ele não quer todo o seu tempo, mas quer um pouco de tempo *sem distração*. É uma questão de ter as prioridades certas.

Bill Cowher é outro grande fã do futebol americano. Na verdade, ele é mais que um fã, ele foi também um jogador e treinador. Cowher foi treinador dos Pittsburgh Steelers de 1992 a 2006, vencendo o Super Bowl da temporada 2005-2006. Ele atualmente é analista do programa *The NFL Today* (Liga Nacional de Futebol Americano Hoje), transmitido pela CBS.

Duas coisas que tornaram Cowher tão bem-sucedido foram o seu foco e a sua intensidade. Não é de admirar que as duas coisas juntas o tenham tornado intensamente focado. Nós, fãs do futebol, gostávamos de assistir aos jogos dos Steelers somente para ver os olhares intensos que ele mandava para os jogadores e árbitros. Jogadores enormes e fortes se encolhiam sob o fogo intenso de um olhar de Cowher.

Mas Cowher também era focado em sua família. Na revista *Sports Illustrated*, Tim Crothers escreveu a respeito dele:

> Depois de quase todos os jogos, de cada treino... Cowher dirige direto para casa para sua esposa Kaye e suas três filhas. Ele não faz comerciais para a Ford ou de frozen iogurte. Ele se concentra nas suas duas paixões, a família e o futebol, deixando tudo o mais de lado.

Ele é tão focado que um dia estava sentado ao lado de uma mulher em um almoço promovido pela prefeitura da cidade, e perguntou a ela educadamente: "O que a senhora faz?" A mulher respondeu: "Sou a prefeita de Pittsburgh".[14]

Sem dúvida, é uma boa ideia saber quem é o prefeito da sua cidade, mas Cowher nos mostra uma verdade essencial: você não pode focar em tudo. Precisamos focar nas coisas que mais importam.

Descobri que as prioridades estão relacionadas ao coração. O que mais importa para mim é o que eu provavelmente irei priorizar. Se perdemos o interesse pelo prazer da companhia de Deus, precisamos começar pelo arrependimento. Devemos pedir a Deus que nos perdoe pela nossa indiferença para com Ele, e que desperte a paixão em nós. E depois começarmos a passar um tempo de qualidade com Ele. À medida que fizermos isso, a fome pela Sua presença aumentará e aguardaremos esses momentos com expectativa.

Quando o rei Salomão estava prestes a iniciar seu reinado sobre Israel, ele fez uma oração à qual Deus não pôde resistir. *"A Teu servo, pois, dá um coração entendido para julgar a Teu povo, para que prudentemente discirna entre o bem e o mal; porque poderia julgar a este Teu tão grande povo?"* (1 Rs 3:9, ACF). A expressão *"um coração entendido"* na verdade deveria ser traduzida como "um coração que ouve". Os tradutores têm dificuldade com a expressão "um coração que ouve", então eles não a traduzem dessa forma. Mas a palavra hebraica é *shama*, que significa "ouvir". Salomão pediu um coração que ouve.

Corações podem ouvir, mas só quando não se distraem. No passado, antes de termos geladeiras, as pessoas usavam depósitos de gelo para preservar os alimentos. Eles tinham paredes grossas e eram bem isolados. No inverno, grandes blocos de gelo eram tirados dos lagos, lagoas ou riachos e colocados no chão, e depois cobertos com uma camada grossa de serragem para servir de isolamento. Era isso que fazia deles uma ótima "geladeira".

Um dia um senhor perdeu um relógio caro no depósito de gelo. Devido à espessura da camada de serragem, todos os esforços para encontrá-lo falharam. Outras pessoas procuraram, mas em vão. Finalmente, um garotinho entrou escondido no depósito de gelo quando ninguém estava por perto e imediatamente encontrou o relógio valioso.

Surpresos, os homens perguntaram ao garotinho como ele havia encontrado tão facilmente o relógio valioso.

— Fechei a porta, deitei no chão e fiquei bem quieto — respondeu o garoto. — Logo ouvi o tique-taque.[15]

O problema não é a recusa de Deus em falar, mas a nossa recusa ou incapacidade de nos aquietarmos o suficiente para ouvir. Silenciar a alma é uma arte que pode ser aprendida. O salmista Davi falou sobre isso. *"De fato, acalmei e tranquilizei a minha alma. Sou como uma criança recém--amamentada por sua mãe; a minha alma é como essa criança"* (Sl 131:2). Quando aquietamos a alma, podemos ouvir a Sua voz em nosso coração.

Há vários anos, eu estava me preparando para pregar em uma conferência no Canadá. Quando falei com o Senhor sobre o culto, ouvi-O falar. Não foi alto, e sem dúvida não era audível. Foi uma voz mansa em meu coração, quase como o tique-taque de um relógio: *"Há um peso pelo Japão em Meu coração hoje"*.

Fiquei surpreso. Sabia que aquilo vinha de Deus — com certeza eu não estava pensando no Japão — mas a maneira como Ele disse isso me surpreendeu. Nunca me ocorreu que um lugar específico pudesse estar no coração de Deus mais do que outros lugares em um dado momento. Creio que eu simplesmente supunha que todos os lugares estavam no coração de Deus da mesma forma, o tempo todo.

— *Preciso de um grande avanço ali* — Ele continuou. — *Em vez de pregar na conferência hoje, você poderia dedicar esse tempo a orar por um grande avanço no Japão?*

Fiquei chocado! Deus não *ordenou* que eu fizesse aquilo; Ele *perguntou* se eu faria aquilo! Foi quase como se eu estivesse ouvindo o anseio do Seu coração, e não as palavras da Sua boca. Fiquei profundamente comovido por Ele permitir que eu entrasse nos Seus pensamentos.

— É claro que sim, Senhor! — foi a minha resposta rápida e sincera.

Quando compartilhei com a congregação o que eu havia ouvido, várias dúzias de pessoas na plateia começaram a falar. Elas gritaram de seus assentos que eram do Japão! Nós as convidamos a ir para a área de ministração na frente e oramos por elas e por sua nação. Foi um tempo muito especial.

Os participantes da conferência ainda estavam orando por eles uma hora depois, quando parti para o aeroporto. Algumas semanas depois recebi um e-mail de alguém do Japão me agradecendo por aquele tempo de intercessão. Alguém havia levado uma gravação do culto para o Japão, e ela circulou por muitas igrejas japonesas. O e-mail falava sobre o grande encorajamento que as orações promoveram e testemunharam dos avanços que tiveram desde então. Deus é surpreendente.

E Ele ainda fala com aqueles que querem ouvir.

Desacelere um pouco e deixe Deus entrar no seu mundo. Se você fizer isso, Ele permitirá que você entre no mundo Dele. Ele encontrará o prazer da sua devoção total, e você experimentará o prazer de ouvir o Seu coração.

Olhe-O nos olhos e ouça.

Oração

Pai, eu Te agradeço pela Tua atenção total para comigo. É surpreendente saber que Tu ficas encantado apenas com um olhar vindo de mim. Que prazeres são provocados dentro do Teu coração quando prefiro não apenas olhar, mas contemplar?

Sento-me diante de Ti hoje, arrependido por me permitir perder o interesse no prazer da Tua companhia. Perdoa-me pela minha indiferença, desperta em mim a paixão pela Tua presença, e guia-me para que eu possa reordenar as minhas prioridades.

Espírito Santo, ensina-me a arte de esperar com um coração totalmente atento, para que a minha fome pela Tua presença aumente. Tu és digno da minha devoção sem distrações, onde eu me sente na beirada da cadeira, observando e ouvindo atentamente cada movimento, cada palavra que Tu dizes.

Como Salomão, peço que me concedas um coração que ouve e que possa se aquietar o suficiente para ouvir os anseios do Teu coração. Que troca bela e recompensadora. Jesus, estou desacelerando para olhar em Teus olhos e para ouvir...

(Oração extraída de: Cântico dos Cânticos 4:9; Mateus 13:15; 1 Coríntios 7:35; Isaías 50:7; 1 Reis 3:9, 28; 1 Reis 10:24; Salmos 131:2)

18

O NAMORO

Lembro-me de quando Ceci e eu estávamos namorando. Eu era muito indiferente a ela no início — Ceci tinha de vir atrás de mim. É CLARO QUE NÃO! Eu a pedi em casamento com apenas uma semana de namoro! Creio que seria justo dizer que eu estava apaixonado. Seus grandes olhos castanhos, seus cabelos longos e escuros e a sua beleza de uma maneira geral me deixavam de queixo caído.

Embora eu tenha levado apenas uma semana para pedi-la em casamento, esperamos nove meses antes de oficializarmos nossa união. Aqueles foram os nove meses mais longos da minha vida. Eu queria estar com ela o tempo todo. Nós dois éramos alunos do seminário, e durante o verão voltei para Ohio enquanto ela saía em uma turnê com o coral da escola. Aquela separação de três meses pareceu durar dez anos!

É justo dizer que durante o nosso namoro nada importava mais que passar tempo com Ceci. Parecia que todas as vezes que estávamos juntos eu aprendia alguma coisa nova sobre ela e passava a amá-la mais. Eu queria agradá-la e fazê-la feliz mais do que qualquer coisa. Nosso namoro foi incrível — até o nosso tempo separados fortaleceu o nosso amor.

Por mais estranho que esse conceito possa parecer, a Bíblia fala de "namorarmos" Deus. Provérbios 3:5-6 nos diz: *"Confie no Senhor de todo o seu coração e não se apoie em seu próprio entendimento; reconheça o Senhor em todos os seus caminhos, e Ele endireitará as suas veredas".*

Nessa passagem familiar, "caminhos" vêm da palavra hebraica *derek*, que se refere a uma jornada, a um curso da vida ou a um modo de ação. Essa palavra é usada em vários contextos, inclusive no namoro. Imagine, nós podemos namorar Deus! Na jornada da vida namoraremos muitas coisas: o sucesso, o progresso, a fama, outras pessoas, o dinheiro, o favor, e uma infinidade de outras coisas. Buscar e amar a Deus com todo o seu coração, alma, mente e força geralmente se perde nessa disputa. Gordon Dahl disse com propriedade: "A maioria dos norte-americanos de classe média tende a adorar o seu trabalho, trabalhar enquanto brinca e brincar enquanto adora".[16] Como isso é verdade, e nada é mais letal para a nossa vida espiritual. Precisamos namorar Deus todos os dias. Às vezes, me sinto como o garotinho do desenho animado *The Family Circus* que correu para a sua mãe exclamando: "Preciso de um abraço, mamãe, já gastei o último".[17] Não demora muito para gastarmos os nossos abraços espirituais.

Na mesma passagem, "reconhecer" vem da palavra hebraica *yada*, que significa "conhecer alguém intimamente". Na verdade, ela é usada para falar de um homem e uma mulher que conhecem um ao outro sexual-mente. Namorar Deus de todas as maneiras que pudermos (*derek*) leva à intimidade (*yada*), que leva à concepção espiritual. Assim como Adão "conheceu" Eva e ela concebeu, podemos conhecer a Deus de maneiras que permitam que Ele fale conosco. Quando Ele fala, a Sua palavra se torna uma semente em nossos corações (ver 1 Pedro 1:23), e aquilo que nasce das nossas vidas agora vem Dele, e não apenas da nossa própria mente.

Nossas visões, planos, métodos, ministérios, relacionamentos — todas essas coisas podem então vir a partir do Espírito Santo, e não apenas de nós mesmos.

Deus não tem interesse em "mães de aluguel" — alguém carregar a Sua semente de revelação para nós. Ele quer semeá-la em nós *pessoalmente*, soprando a Sua Palavra em nossos corações. As percepções que recebemos de outros por intermédio de sermões e livros são boas e válidas, mas se essa for a única forma pela qual recebemos percepção espiritual, estamos vivendo muito abaixo dos nossos privilégios.

Deus também não tem interesse em inseminação artificial — colocar a Sua semente em nós sem um relacionamento íntimo conosco. CDs, seminários e livros são bons, mas não devem tomar o lugar de ouvir Dele de maneira *pessoal* e *direta*. As conferências nas quais a Palavra de Deus está fluindo maravilhosamente podem se tornar nada mais além de um laboratório estéril de informações se não tomarmos cuidado. Francamente, creio que muitos cultos de domingo de manhã também se encaixam nessa descrição. As ideias compartilhadas são boas, e não é necessário reinventar a roda, mas isso não nega a nossa necessidade de uma revelação fresca. Não devemos nos satisfazer apenas com a revelação dos outros.

O problema, naturalmente, não está em receber ensino por meio de outra pessoa; essa é obviamente uma das maneiras pelas quais Deus fala conosco. O problema é quando isso se torna a fonte principal da nossa informação. Não podemos viver apenas da revelação de outra pessoa. Precisamos ouvir de Deus por nós mesmos. E quando Ele realmente falar conosco por intermédio de outra pessoa, ainda assim devemos orar e meditar sobre essa informação (namorando Deus), o que faz com que ela passe da mente para o coração e se torne uma palavra pessoal de revelação para nós.

Por mais estranho que pareça, podemos até ficar "grávidos" da revelação de outra pessoa e "dar à luz" o filho de outra pessoa! O Corpo de Cristo, principalmente nas igrejas, está cheio de pessoas procurando andar na revelação, na visão, nas ideias e nos métodos de outros. E com frequência nos perguntamos por que tantas coisas que tentamos fazer para alcançar pessoas para Cristo produzem tão poucos frutos. Eu temo todas as vezes que vejo o anúncio de outra conferência sobre crescimento de igrejas. Não é que os princípios compartilhados estejam errados. Eles provavelmente funcionaram bem para a pessoa que os está compartilhando, mas cada um de nós ainda precisa permitir que o Espírito Santo nos mostre como aplicar os princípios às nossas vidas pessoais e ministérios. O método que funcionou para um pode não funcionar para outro; princípios podem ser aplicados de muitas maneiras e em diversas ocasiões.[18]

O apóstolo Paulo entendia a necessidade dessa caminhada pessoal com Deus. No fim de sua vida e ministério, Paulo ainda O estava "namorando". Ele declarou:

> *Mas o que para mim era lucro, passei a considerar como perda, por causa de Cristo. Mais do que isso, considero tudo como perda, comparado com a suprema grandeza do conhecimento de Cristo Jesus, meu Senhor, por quem perdi todas as coisas. Eu as considero como esterco para poder ganhar Cristo... Quero conhecer Cristo, o poder da Sua ressurreição...*
>
> Filipenses 3:7-8, 10 (grifos do autor)

A palavra que Paulo usou para "conhecer" Deus, *ginosko*, é semelhante a *yada*. Ela também é uma palavra que se refere a um conhecimento *relacional*. Como *yada*, ela é usada com referência a um homem e uma mulher se conhecendo fisicamente. Maria perguntou ao anjo Gabriel como ela poderia ter um filho se nunca havia "conhecido" (*ginosko*) um homem (ver Lucas 1.34, ACF). Paulo estava dizendo que ele tinha abandonado todos os outros "amores" para namorar Deus. Ele queria conhecê-Lo intimamente.

Ginosko também traz em si o significado de um conhecimento *progressivo* ou *crescente*. Da mesma forma que o conhecimento que o marido e a esposa têm um do outro deve aumentar com o tempo, aperfeiçoando o seu relacionamento, Paulo estava declarando que ele queria conhecer a Cristo ainda mais intimamente. A esta altura na vida de Paulo, ele havia sido levado ao Céu, onde recebeu revelações suficientes para escrever grande parte do Novo Testamento. Ele até viu Deus pessoalmente! Mas, por mais incrível que possa parecer, ele ainda queria conhecê-Lo mais. Você nunca esgotará as profundezas de Deus. O prazer da Sua companhia faz você desejar o prazer da Sua companhia!

Finalmente, *ginosko* não tem um sentido apenas relacional e progressivo, mas também "de efeito" — é um conhecimento que provoca um efeito sobre aquele que o possui. Quanto mais vemos a Deus, mais nos tornamos como Ele. O texto de 2 Coríntios 3:18 nos diz: *"E todos nós, que com a face descoberta contemplamos a glória do Senhor, segundo a Sua imagem estamos sendo transformados com glória cada vez maior, a qual vem do Senhor, que é o Espírito"*. A pessoa de Deus é tão poderosa que à medida que O contemplamos, a Sua própria imagem é impressa em nós como a luz em um negativo. Somos transformados novamente à Sua imagem e semelhança, que perdemos na queda de Adão.

Em seu livro *Good Morning, Merry Sunshine* (Bom Dia, Alegre Luz do Sol), o colunista do jornal *Chicago Tribune*, Bob Greene, narra o primeiro ano de vida de sua filha. Quando a pequena Amanda começou a engatinhar, ele relata:

> Isto é algo com o qual tenho tido dificuldades em me acostumar. Estou lendo um livro ou assistindo à TV. Olho para o pé da cama e ali está a cabeça de Amanda olhando para mim.
>
> Aparentemente, tornei-me um dos objetos que a fascinam... Isso é muito curioso. Depois de meses tendo de ir até ela, agora ela está escolhendo vir a mim. Não sei bem como reagir. Tudo que consigo entender é que ela gosta da ideia de entrar e olhar para mim. Ela não espera nada em troca. Olho para ela de volta e alguns minutos depois ela decide que quer voltar para a sala, e lá vai ela engatinhando outra vez.[19]

Separe um tempo para olhar fixamente para o Papai Deus. Promete-lhe que Ele olhará para você de volta, diretamente nos olhos. Nem sempre palavras são necessárias. Já passei horas conversando com Deus sem dizer uma palavra. Os corações nem sempre precisam de palavras para se comunicar; eles só precisam estar juntos.

Oração

Deus, fico impressionado ao refletir sobre o lindo romance que vivemos. Tu me cortejas com bondade, atraindo o meu coração, e depois esperas pacientemente pela minha resposta. E posso em troca namorar-Te, meu Senhor, e isso é o que me inspira uma profunda reverência. O Deus Todo-Poderoso da Criação se comove com os mais simples gestos de amor do meu coração.

Jesus, quero que o meu conhecimento de Ti seja progressivo, conhecendo o Teu coração cada vez mais. Quero conhecer intimamente os Teus sonhos e desejos, fazendo deles os meus próprios sonhos e desejos. Fecunda-me com as Tuas sementes de revelação dos Teus propósitos e planos, da Tua vontade e dos Teus caminhos. Deixa-me dar à luz os Teus sonhos que foram soprados sobre o meu coração.

Que eu nunca fique satisfeito em ter acesso por intermédio de outra pessoa ao que está facilmente disponível a mim. Espírito Santo, guia-me na arte de cortejar Deus, de descobrir novos aspectos do Teu coração — a altura, a profundidade, a largura e o comprimento do Teu amor.

Que o meu coração sempre ecoe este grito: todas as coisas perdem o brilho em comparação com a insuperável grandeza de conhecer a Cristo Jesus meu Senhor — tanto o Teu poder quanto o Teu sofrimento, a ressurreição e a Cruz. Quero ver e refletir a Tua glória. Abandonarei os outros amores para olhar nos Teus olhos e experimentar o grande prazer da Tua companhia.

(Oração extraída de: Provérbios 3:5-6; 1 Pedro 1:23; Lucas 8:11; Filipenses 3:7-10; Salmos 73:25; João 17:3; 2 Pedro 1: 2-3; 2 Coríntios 3:18; João 17:24)

19

O Ouvinte

Cresci acreditando que eu era feio. Sei que com a minha aparência de galã de cinema isso parece inacreditável, mas é verdade. Por essa razão, encontrar e conversar com as pessoas era difícil para mim. Tornei-me introvertido, inseguro e tímido.

Isso se intensificou quando eu estava com dez anos de idade. Minha turma da escola dominical tinha um programa de memorização de versículos, e no final dele fomos chamados para recitar nossos versículos diante da congregação em um domingo pela manhã. Quando chegou a minha vez, eu não conseguia lembrar o meu versículo. O pânico tomou conta de mim, o que só piorou as coisas, e tive um branco total. Duvido que eu conseguisse soletrar meu próprio nome.

O pastor estava sentado na primeira fileira e, em vez de me encorajar e me dar alguma dica para me ajudar a lembrar o texto, ele perdeu a paciência. Isso, é claro, só piorou o problema. Totalmente constrangido e humilhado, comecei a chorar, deixando o pastor ainda mais irado. Aborrecido, ele me mandou sentar. Aquele pastor era o meu pai.

Papai tinha seus próprios problemas de insegurança, e sempre presumi que o meu fracasso o constrangia. Então a minha fraqueza (chorar) o deixava irado. Jamais pretendo desonrar a sua memória. Ele tentou o melhor que pôde ser um bom pai, e sei que ele me amava. Apesar dos seus fracassos e fraquezas, eu o amava também. Durante os últimos vinte anos ou mais de sua vida, ele foi um modelo para mim de uma caminhada com Deus digna de ser imitada.

Ainda assim, essa experiência me marcou de uma maneira terrível. Daquele momento em diante, eu não consegui mais falar diante de um grupo de pessoas. Conseguia me sair bem em uma conversa individual, mas todas as vezes que eu ficava diante de um grupo, quer em uma aula na escola quer em um grupo de jovens, me dava um branco total e eu ficava devastado. Por fim, parei até de tentar. Preferia receber uma nota vermelha em um boletim de prova oral a tentar falar em público. Era um medo paralisante.

Lembro-me de desistir de uma matéria na universidade por causa de um "jogo de nomes" que o professor fez com a turma em nossa primeira aula. Começando pela frente, cada aluno tinha de se levantar e dizer o seu nome, e depois repetir todos os nomes de todos que falaram antes deles. Quando chegou a minha vez, havia provavelmente quinze a vinte nomes para serem recitados. Fiquei em pé e disse o meu nome, e depois, como sempre, me deu um branco. Sentei-me, profundamente constrangido e humilhado; quando a aula terminou, procurei o setor apropriado e cancelei minha inscrição no curso.

O medo — seja do escuro, de cair ou da rejeição — é algo atormentador e paralisante. Felizmente, fui libertado do meu medo de falar em público. Mas por ter experimentado um medo tão debilitante durante anos, eu tinha dificuldade de aceitar versículos bíblicos que falavam positivamente sobre o "temor do Senhor". *Por que alguém iria querer ter um relacionamento com uma pessoa de quem tivesse de ter medo?* Eu me perguntava. E embora não abraçasse o conceito, eu realmente *tinha* medo de Deus.

Com certeza, não é possível desfrutar Deus se você tem medo Dele. Nem sequer me lembro de desfrutar o prazer da Sua companhia durante os primeiros dezenove anos da minha vida, embora eu definitivamente tivesse nascido de novo. Meu relacionamento com Ele pode ser descrito pela experiência de infância de T. H. White:

> Meu pai construiu um castelo de madeira para mim, grande o bastante para eu caber dentro dele. Ele fixou canos de armas de verdade por baixo das suas muralhas, para atirar como uma forma de saudação no meu aniversário. Mas ele me fez sentar diante dele na primeira noite para que recebesse a saudação... E eu, acreditando ser eu o alvo, chorei.[20]

Isso resume muito bem o meu primeiro conceito de Deus. Ele estava procurando qualquer motivo para atirar em mim. O que eu sabia de Deus era que Ele estava fazendo uma lista, verificando-a duas vezes, para ver se eu havia sido bom ou mau. E se eu fosse menos que perfeito, as consequências seriam um inferno, literalmente. O temor do Senhor era tudo menos atraente para mim. Na verdade, como a maioria das pessoas, eu acreditava que o diabo queria que eu me divertisse; Deus, o Juiz sério e severo que era, queria que eu fosse ponderado e vivesse uma vida monótona. Que ideia terrivelmente errada. Felizmente, a minha percepção a respeito Dele mudou e agora creio de todo o coração em Sua bondade.

Desde então descobri que o meu conceito do "temor do Senhor" estava distorcido. Várias palavras diferentes em hebraico e grego na Bíblia são traduzidas como "temor". Algumas delas são bons temores, outras não. *Phobos*, por exemplo, é pavor ou terror. A nossa palavra portuguesa *fobia* se origina dela. A Bíblia deixa claro que Deus não quer que sintamos esse tipo de medo. *"No amor não há medo; ao contrário o perfeito amor expulsa o medo, porque o medo supõe castigo. Aquele que tem medo não está aperfeiçoado no amor"* (1 Jo 4:18).

Também há a palavra *deilia*, que é um tipo de medo que provoca timidez ou covardia. Quando menino, eu havia me tornado *deilia* por causa das minhas inseguranças. Isso, somado ao trauma que tive quando fui publicamente humilhado, levou a uma *phobos* de falar diante de pessoas. Mas Deus diz em 2 Timóteo 1:7: *"Pois Deus não nos deu espírito de covardia* (deilia*), mas de poder, de amor e de equilíbrio"*. O nosso Pai celestial não quer que sejamos tímidos ou inseguros. Como qualquer bom pai, Ele quer que sejamos seguros, principalmente em nosso relacionamento com Ele. O Deus Pai não atua como o típico sargento instrutor com seus recrutas, nos pressionando a entrar na linha por meio do medo e da intimidação. Essa estratégia pode ser apropriada para soldados, mas não para filhos.

Que tipo de temor, então, devemos ter para com o Senhor? A palavra grega é *eulabeia*, que é reverência ou devoção; é um assombro, um sentimento avassalador de maravilha, admiração ou respeito. Jesus, na verdade, possuía esse tipo de temor para com o Seu Pai, Deus, embora Ele certamente nunca tivesse medo Dele:

> *Durante os Seus dias de vida na Terra, Jesus ofereceu orações e súplicas, em alta voz e com lágrimas, Àquele que O podia salvar da morte, sendo ouvido por causa da Sua reverente submissão* (eulabeia).
>
> Hebreus 5:7

Ter respeito e reverência para com Deus gera grande recompensa para nós. A Palavra diz que ele é o princípio do conhecimento (ver Provérbios 1:7). Também é usado para descrever o respeito que Abraão tinha por Deus, o que permitiu que ele confiasse no Senhor mesmo quanto à vida de seu filho Isaque (ver Gênesis 22:12). De certa forma, é irônico que o "temor" tenha produzido a fé, mas isso aconteceu. O respeito de Abraão por Deus fez que ele confiasse plenamente em Sua bondade, e acreditasse que Ele era confiável. Esse também é o tipo de respeito que somos instruídos a ter por nossos pais, que traz em si a promessa de uma vida longa (ver Levítico 19:3).

Há uma descrição reveladora no livro de Malaquias de como esse tipo de honra exalta ao Senhor. O contexto do livro é a infidelidade de Israel, um povo a quem Deus amava muito e que deveria estar andando em aliança com Ele. No entanto, eles haviam se desviado Dele, e em vez disso estavam adorando ídolos. O desejo de Deus era que eles voltassem para Ele, e Ele usou Malaquias para desafiá-los a isso.

Em meio a esse período no qual Deus estava vivendo uma rejeição tão dolorosa, vários indivíduos que ainda O honravam e respeitavam conversavam. Com base nessa passagem, fica claro que a conversa deles obviamente honrava o Senhor. Enquanto eles falavam um com o outro, o Senhor ouviu e ficou profundamente comovido.

> *Então aqueles que temeram ao Senhor falaram frequentemente um ao outro; e o Senhor atentou e ouviu; e um memorial foi escrito diante Dele, para os que temeram o Senhor, e para os que se lembraram do Seu nome. "E eles serão Meus", diz o Senhor dos Exércitos; "naquele dia serão para Mim joias; poupá-los-ei, como um homem poupa a seu filho, que o serve. Então voltareis e vereis a diferença entre o justo e o ímpio; entre o que serve a Deus, e o que não o serve".*
>
> Malaquias 3:16-18 (ACF) (grifo do autor).

"Atentou" vem da palavra hebraica *qashab*. Já definimos essa palavra como significando "erguer as orelhas, como um animal entrando em alerta". Imagine Deus, sentindo a dor da infidelidade e dos relacionamentos quebrados, de repente ouvindo alguns membros de Sua família falando Dele com uma terminologia respeitosa e amorosa. Ele ficou alerta e começou a ouvi-los atentamente. Foi o que aconteceu aqui em Malaquias.

Deus está sempre atento aos sons de amor. João disse que Ele é a personificação do amor (ver 1 João 4:8, 16), e como nosso Pai amoroso e amigo, Ele desfruta a companhia daqueles que também honram esse relacionamento.

A passagem de Malaquias prossegue dizendo que o Senhor "ouviu" aqueles indivíduos. Entre outras definições, essa palavra hebraica também significa "escutar atrás das portas". Deus começou a escutar atrás das portas a conversa deles, não para apanhá-los fazendo algo errado, mas porque a conversa deles O estava exaltando!

Ironicamente, estou em uma cafeteria enquanto escrevo este trecho, e as duas jovens na mesa ao meu lado estão confirmando o meu argumento. Ver a minha Bíblia aberta diante de mim estimulou uma discussão entre elas com respeito a Deus, à igreja e à religião. Elas não gostam da igreja porque veem a maioria dos cristãos como julgadores e hipócritas. (Você acha que é possível que elas queiram que eu as escute?) E o conceito delas acerca de Deus não tem nada a ver com o amigo e Pai relacional que Ele é. Infelizmente, parece que tudo a que elas foram expostas até agora foi religiosidade.

Como isso é trágico, mas infelizmente é muito comum. O coração de Deus é incrivelmente mal compreendido. Jesus, que veio para nos mostrar a verdadeira natureza de Deus, era tão bondoso que Ele foi amado por jovens e velhos, inclusive pecadores. Somente os legalistas religiosos cheios de justiça própria e os que eram verdadeiramente maus não gostavam Dele. Ele era interessante, compassivo e bondoso.

Nos dias de Malaquias, o coração de Deus ficou tão comovido com aquelas pessoas que O amavam e honravam que Ele instruiu os anjos a escreverem um "memorial" e registrar os nomes deles nele. Ele os honraria mais tarde. Ele os chamou de "Meus" e de "joias" (*segullah*). *Segullah* era a palavra usada para tesouro ou joia. O Senhor ficou tão profundamente comovido com o que estava ouvindo, que Se referiu àqueles amigos como um tesouro para o Seu coração.

Isso é impressionante!

Você também pode ser um tesouro para Ele. Não porque você se comporta de maneira excelente, mas porque você O respeita e honra. Ele está ouvindo, não para apanhá-lo em uma falha para que possa gritar com você, mas para desfrutar da sua companhia. Em meio a toda a rebelião e idolatria no planeta, dê a Ele um pouco de amor.

Fale com Ele. Hoje.

Oração

Pai, sou extremamente grato pelo Teu Filho, Jesus — o amor do Pai expresso em plenitude. Jesus, Tu és o perfeito amor personificado; Tu tiras todos os meus medos, Tu me completas e redefines a minha visão do mundo. Conhecendo-Te, Jesus, posso crer de todo o coração na bondade do Pai e me aproximar com assombro em reverência.

Que eu possa andar somente no temor que resulta na mais alta honra, admiração e respeito por Deus. Deixa-me colher as recompensas de andar no temor do Senhor: sabedoria e revelação, conhecimento e fé, e uma confiança em Ti que seja constante e forte.

Deus, oro para que Teus ouvidos atentos sejam atraídos hoje pelos sons afetuosos que vêm do meu coração para Ti. Que eles sejam tais que as hostes celestiais registrem o meu nome como um amado precioso para Deus.

(Oração extraída de: 1 João 4:18; 1 João 5:8, 16; 2 Timóteo 1:7; Hebreus 5:7; Provérbios 1:7; Malaquias 3:16-18)

20

OS QUE SE DEMORAM NA PRESENÇA

Q uando eu era um aluno do Instituto Cristo para as Nações, há trinta e cinco anos — quando eu podia correr quilômetros e ainda tinha barriga de tanquinho, todos os fios de cabelo na cabeça e nenhuma ruga — eu tinha o cuidado de passar uma quantidade de tempo de qualidade com Deus todos os dias. Na verdade, havia desenvolvido esse estilo de vida antes de frequentar o ICPN. Todos os dias antes do trabalho, eu me levantava pelo menos uma hora mais cedo do que o necessário, a fim de passar um tempo orando e lendo a Palavra. Eu amava estar com Deus naquela época, e ainda amo.

Minha prática quando era um estudante era orar e/ou passar um tempo lendo a Bíblia pelo menos por uma hora antes que o dia escolar começasse com um culto às 8 horas da manhã. O culto não tinha sermão, eram trinta e cinco minutos apenas de adoração gloriosa. (Ainda começamos cada dia assim no ICPN, edificando nossas vidas com a presença do Senhor.) Combinar essas duas coisas significava que eu tinha uma boa hora e meia no início de cada dia para desfrutar o prazer da Sua companhia.

Em muitos dias eu também orava mais trinta a quarenta e cinco minutos depois da nossa última aula que terminava ao meio-dia. Em seguida, eu corria para a cafeteria antes que ela fechasse, às 13 horas. Durante esses quarenta e cinco minutos, eu orava e meditava no que havia aprendido naquele dia, assim como em qualquer coisa que o Espírito Santo trouxesse à minha mente para interceder. Esses momentos prolongados na presença de Deus se tornaram especiais para mim, e creio que eram preciosos para o Senhor também. Menciono essas duas horas a mais que eu passava com o Senhor não para me gabar, mas para enfatizar o fato de que qualquer um pode desenvolver um amor pela Sua presença. Eu era tudo menos um gigante espiritual naquela época da minha vida, apenas tinha muita fome de Deus.

Uma tarde, como eu tinha por hábito de fazer às 12h45, desci da varanda onde eu costumava passar esses últimos 45 minutos com o Senhor. O conselho estudantil vendia entradas para um banquete, e eles estavam acabando de guardar os materiais, preparando-se para sair. Dois deles, um rapaz e uma garota, carregavam uma mesa dobrável para guardá-la em um armário. A garota, que eu não conhecia, era a jovem mais bonita que eu já havia visto.

Naquele instante, decidi casar-me com ela!

Rapidamente, segurei a ponta da mesa que estava com ela, demonstrando o meu cavalheirismo e força. O membro do conselho estudantil do outro lado da mesa, que eu conhecia, nos apresentou. Levei algumas semanas para tomar coragem para convidá-la para sair, mas quando o fiz, ela rapidamente disse sim. Ela também estava caída por mim. Ceci e eu nos casamos nove meses depois.

Isso, meu amigo, é o que acontece quando você se demora na presença de Deus!

Tudo bem, talvez você não seja recompensado com uma esposa ou um marido, mas coisas boas acontecem com os que "se demoram" na Sua presença. Sempre acreditei que Deus orquestrou a ocasião do nosso encontro apenas para demonstrar o quanto Ele apreciava o nosso tempo juntos. Isso é exatamente o tipo de coisa que Ele costuma fazer — Ele é galardoador daqueles que O buscam diligentemente (ver Hebreus 11:6, ACF). Naturalmente, a maior recompensa é simplesmente o privilégio de ter uma conexão com Ele.

Uma definição de *demorar-se* é "sair lentamente e com hesitação". Se você deixa a presença de Deus de outra maneira que não seja lentamente e com hesitação, é porque há um curto-circuito em algum ponto da conexão. Quando você realmente se conecta com Ele, é como uma cama quente em uma manhã de inverno — você não quer sair dela. Aqueles que visitam o trono da graça regularmente se tornam pessoas que se demoram na presença; é simples assim.

Charles Swindoll conta esta história:

Lembro-me claramente de quando, algum tempo atrás, eu havia criado o hábito de agendar compromissos demais para dias de menos. Não demorou muito para eu estar repreendendo minha esposa e nossos filhos, engolindo a comida nas refeições e ficando irritado com aquelas interrupções inesperadas ao longo do dia. Rapidamente as coisas em nossa casa começaram a refletir o padrão do meu estilo de vida apressado. Aquilo estava se tornando insuportável. Lembro-me claramente das palavras de nossa filha mais nova, Colleen, uma noite depois do jantar. Ela queria me contar algo importante que aconteceu na escola naquele dia. Ela começou apressadamente:

— Papai, quero lhe contar algo e *vou-contar-bem-depressa*.

De repente, percebendo a sua frustração, respondi:

— Querida, você pode me contar... e não precisa me contar bem depressa. Conte devagar.

Nunca me esquecerei da sua resposta:

— Então *ouça* devagar.[21]

Você nunca terá de dizer ao seu Pai celestial: "Então ouça devagar". Ele tem muito tempo para você e ama quando você se demora em Sua presença. Na verdade, o maior problema Dele é que passamos *pouco tempo* em Sua companhia, e não o fato de nos demorarmos na Sua presença. Geralmente, estamos com tanta pressa que realmente *queremos* que Ele ouça bem depressa. Mas Ele não é o nosso Papai Noel espiritual, que deseja que fiquemos apenas dois minutos no Seu colo, que entreguemos a Ele a nossa lista de pedidos e vamos embora. Ele é o Aba-Pai.

O nosso Pai não Se ofende facilmente. Ele é paciente e longânimo, e a Sua bondade é eterna. Mas ainda assim, não posso evitar me perguntar se Ele não Se ofende com a maneira como O tratamos. Damos a Ele tão pouco tempo, esperando que Ele ouça depressa e responda rápido. Tenho um amigo que acredita realmente que o Senhor disse a ele uma vez: *"Não profane a Minha presença com a sua impaciência"*.

Ui!

Davi, o pastor e salmista que se tornou rei de Israel, era alguém que se demorava na presença de Deus; ele amava estar na presença de Deus e saía lentamente e com hesitação. Davi disse uma vez: *"Uma coisa pedi ao Senhor; é o que procuro: que eu possa viver na casa do Senhor todos os dias da minha vida, para contemplar a bondade do Senhor e buscar Sua orientação no Seu templo"* (Sl 27:4). Observe as palavras *viver, contemplar e meditar*. Esses são termos usados para se demorar fazendo alguma coisa. Ele disse também: *"Eu amo, Senhor, o lugar da Tua habitação, onde a Tua glória habita"* (Sl 26:8). Não fazemos declarações como essa se não aprendemos a nos demorar na presença de Deus.

Primeiro nos *aprendemos* a nos demorar na Sua presença, depois ficamos viciados Nele e passamos a amar nos demorar na Sua presença. Ouça a linguagem de Davi: *"Eu amo, Senhor, o lugar da Tua habitação"*. Gosto de ler sobre Davi e sua caminhada com Deus. Foi revelador e enriquecedor observar o relacionamento deles na Bíblia — os bons e os maus momentos. Um aspecto de que gosto especialmente é o fato de que Davi mantinha as coisas em um plano real, compartilhando com Deus os seus pensamentos mais íntimos. Quer ele estivesse alegre, desanimado, solitário ou se sentindo no topo do mundo, Davi falava com o Senhor sobre isso. Ele sabia que Deus queria estar envolvido no seu mundo, e ele queria estar envolvido no mundo de Deus.

Com o tempo, houve uma mudança no relacionamento deles, uma mudança tão sutil que a maioria das pessoas nunca pensa sobre ela. Muitas pessoas amam a presença de Deus. Felizmente, o movimento de adoração dos últimos 30 a 40 anos ensinou a muitos de nós a diferença entre cantar e adorar. E à medida que aprendemos a verdadeiramente adorar, descobrimos a gloriosa verdade de que o louvor atrai a própria presença de Deus (ver Salmos 22:3). Por intermédio desse processo, passamos a ter expectativa pela presença de Deus e a desfrutá-la.

Davi entendia isso e era um amante apaixonado pela presença de Deus. Por mais que ele amasse a *presença* do Senhor, entretanto, Davi nunca foi chamado de um "homem segundo a presença de Deus". Ele teve a honra impressionante de ser mencionado pelo Senhor como um "homem segundo o Meu *coração*" (ver Atos 13:22, grifo do autor). Pode haver uma enorme diferença entre buscar o coração de Deus e experimentar a Sua presença.

É possível estar na presença de uma pessoa e nunca chegar ao coração dela. Há muitas pessoas com quem estou disposto a estar, mas poucas são as que permitirei ter acesso ao meu coração. Aquela parte de mim está reservada para as pessoas com quem passei tempo suficiente para saber que posso confiar nos seus motivos e intenções. Preciso ter confiança no fato de que o meu coração tem valor para elas. Ele é frágil, por isso, quero que ele seja tratado com cuidado.

Deus não é diferente. O coração Dele pode ser quebrado. As Suas emoções podem ser feridas e as Suas esperanças podem ser frustradas. Ele permite que muitos entrem na Sua presença, mas é muito mais seletivo com o Seu coração. A Sua presença é gratuita, mas o Seu coração custará a você tempo e esforço. Mas, ah, Ele vale muito esse esforço! Pague o preço para encontrar o Seu coração, não importa o que isso possa lhe custar!

Ressalto para os meus alunos no Instituto Cristo para as Nações a importância de, quando pensarem sobre o seu futuro, não focarem primeiro em uma visão ou sonho. Muitas vezes, os jovens são desafiados a sonhar grande, a desenvolver uma grande visão. Pessoalmente, descobri como é fácil que a minha própria ambição e desejos egoístas se esgueirem para dentro dos meus planos quando começo com o sonho em si. Incentivo os alunos a buscarem o *coração* de Deus, e não um sonho. Quando eles encontrarem o coração Dele, escondido dentro dele eles também descobrirão o seu propósito e destino. Então eles podem sonhar, sabendo que aquele é o sonho de Deus para a sua vida.

Infelizmente, talvez você não encontre muita competição nessa busca pelo coração de Deus. Muitos amam a Sua presença e estão dispostos a cantar alguns cânticos uma ou duas vezes por semana para entrar nela. Poucos, porém, estão buscando o Seu coração. Escolha se tornar alguém que anseia pelo coração de Deus. Não se contente com um olhar apressado; seja alguém que se demora na presença de Deus.

Fale com Ele lentamente, ouça-O lentamente, e saia da presença Dele lentamente.

Oração

Pai, Tu és digno do meu tempo e atenção, das mais elevadas paixões do meu coração. Tu és generosamente bondoso em recompensar aqueles que Te buscam diligentemente com maiores vislumbres da beleza do Teu coração.

Perdoa-me pela minha impaciência, meu Senhor, quando me aproximo do Teu trono de graça. Como Josué na Tenda do Encontro, quero ser alguém que ama demorar-se em Tua presença, deixando-a lentamente e com hesitação. Pai, uma coisa peço e busco: que eu possa habitar na Tua casa todos os meus dias, contemplando a Tua beleza e meditando na Tua Palavra. Demorando-me... demorando-me...

Quero ir além de desfrutar do lugar glorioso onde habitas. Amo desfrutar os prazeres da Tua presença, mas também quero buscar o Teu coração. Sei que há um alto preço que deve ser pago para entrar nesse lugar tão íntimo, mas estou determinado a dar o meu tempo e esforço para descobrir e conhecer o Teu coração. Eu me demorarei, ainda mais...

(Oração extraída de: Hebreus 11:6; Êxodo 33:11; Salmos 27:4, Salmos 26:8, Salmos 22:3; Atos 13:22)

21

A Visita

Certa vez assisti ao parto de um bebê, pelo método da cesariana, pela televisão. Era um daqueles canais educativos que iluminam nossas mentes sobre as coisas que precisamos saber para sobreviver na vida. Graças a Deus pela TV a cabo!

Também assisti a um *lifting* facial no mesmo canal. Eles levantaram toda a pele do rosto! Acredite-me, agora sei por que dizem que a beleza é superficial! Depois eles sugaram um monte de celulite. Não sei que tipo de células são aquelas, mas eles também sugaram um pouco de gordura — eu sabia o que era aquilo. Achei que eles deviam deixar as células "lite" e ter sugado as células de gordura, mas reconheço que eles tiveram algum motivo para fazer o que fizeram. O que não fazemos para ter uma aparência melhor!

O parto do bebê foi o que mais me fascinou. Sempre imaginei que eles apenas cortassem a pele e o bebê saísse de lá de dentro. Não é nada disso! Eles praticamente viraram aquela pobre mulher do avesso. Quando finalmente chegaram ao bebê, tiveram de fazer tudo o que podiam para puxá-lo para fora. Não sei por que ele se segurava ali daquele jeito. Se ele estivesse vendo o que eu estava vendo, teria desejado sair dali depressa.

De qualquer maneira, todos nós precisamos ser instruídos sobre os detalhes das cesarianas e dos *liftings* faciais. E se você vai ler um livro escrito por alguém, provavelmente vai querer saber que aquela pessoa tem experiência em muitas áreas da vida. Não precisamos de mais autores ignorantes![22]

Espero que a esta altura você saiba que há um método na minha loucura, e que de algum modo — talvez minuciosamente, mas de algum modo — isso está relacionado com o nosso assunto. O Novo Testamento fala da nossa mente possuir um "véu" (*kalupsis*), que nos impede de entender as questões espirituais:

> *Mas se o nosso evangelho está encoberto, para os que estão perecendo é que está encoberto. O deus desta era cegou o entendimento dos descrentes, para que não vejam a luz do evangelho da glória de Cristo, que é a imagem de Deus.*
>
> 2 Coríntios 4:3-4

Kalupsis significa simplesmente "esconder ou cobrir". Os meus dicionários dizem que o interior de uma árvore está encoberto pela casca; o interior de um corpo humano está encoberto pela pele. Entendi imediatamente!

É interessante que uma "revelação" vem da mesma palavra grega: é *kalupsis* com o prefixo *apo* acrescentado — *apokalupsis*. *Apo* significa "fora" ou "longe", de modo que uma revelação é literalmente descobrir ou desvelar. Quando observei aquelas cirurgias, recebi uma revelação do interior de um corpo humano — pelo menos de parte dele.

Deus quer nos revelar informações "do interior" — informações privilegiadas. Elas podem ser a percepção especial de um versículo da Bíblia, a solução de um problema sobre o qual temos perguntado a Ele ou alguma direção que temos buscado. Qualquer informação revelada a nós pelo Espírito Santo em oposição às informações que obtemos intelectualmente, *é revelação.*

> *Entretanto, falamos de sabedoria entre os que já têm maturidade, mas não da sabedoria desta era ou dos poderosos desta era, que estão sendo reduzidos a nada. Ao contrário, falamos da sabedoria de Deus, do mistério que estava oculto, o qual Deus preordenou, antes do princípio das eras, para a nossa glória. Nenhum dos poderosos desta era o entendeu, pois, se o tivessem entendido, não teriam crucificado o Senhor da glória. Todavia, como está escrito: "Olho nenhum viu, ouvido nenhum ouviu, mente nenhuma imaginou o que Deus preparou para aqueles que O amam"; mas Deus o revelou a nós por meio do Espírito. O Espírito sonda todas as coisas, até mesmo as coisas mais profundas de Deus.*
>
> 1 Coríntios 2:6-10

Não deveria ser surpresa o fato de que o principal lugar para se receber revelação seja a presença do Senhor. Ele quer falar conosco, e não gritar para nós à distância. Passar tempo com Deus e com a Sua Palavra permite que Ele tenha acesso à nossa mente. Como um cirurgião com um bisturi, Ele pode levantar o véu, nos revelando percepções espirituais e a Sua sabedoria para as nossas vidas. Paulo falou dessa sabedoria e revelação aos coríntios.

Quando estamos com Ele, estamos na presença da onisciência. O salmista disse que o entendimento de Deus é "infinito"; Isaías chamou-o de "inescrutável" (ver Salmos 147:5; Isaías 40:28, ACF). Que proposta maravilhosa! Temos um convite aberto para a presença Daquele que tem conhecimento imensurável, sabedoria infinita e entendimento ilimitado.

O poder da revelação que flui na presença de Cristo pode ser visto em um encontro que Ele teve com alguns de Seus primeiros seguidores. Quando estava iniciando o Seu ministério terreno, Jesus visitou João Batista, que anunciou publicamente a respeito Dele: *"Vejam! É o Cordeiro de Deus, que tira o pecado do mundo!"* (Jo 1:29, 36). Dois dos discípulos de João ouviram esse anúncio impactante e decidiram verificar.

Quando Eles O seguiram, Jesus percebeu, voltou-Se para eles e perguntou:

— *O que vocês querem?*

A resposta deles foi interessante.

— Rabi (que significa "Mestre"), onde estás hospedado?

— *Venham e verão.*

Esse foi o convite de Jesus para eles. Eles aceitaram a oferta e acabaram passando o dia com Ele (ver versículo 39).

Se você está satisfeito com as coisas como estão, passar um dia com Jesus não é uma boa ideia! Ter uma audiência particular com Ele por um dia inteiro vai transformar você. Radicalmente. A conversa pode ser superficial em princípio:

"Como o Senhor fez as árvores? Quantas estrelas existem? E quanto às galáxias?" A partir disso, talvez você passe para outras perguntas com relação a Jesus e a Deus: "Quantos anos o Senhor tinha quando entendeu quem era? Como é a aparência de Deus?" A certa altura, porém, você sem dúvida passaria para as perguntas pessoais referentes a você e ao seu futuro. Todo mundo pensa no seu propósito. Os especialistas dizem que o desejo de saber qual é o nosso propósito é um dos desejos mais fortes dos seres humanos. Acreditar que temos um propósito está diretamente relacionado à autoestima, ao valor próprio e, finalmente, à nossa realização pessoal.

Será que aqueles dois homens perguntaram a Jesus sobre isso? Não sabemos ao certo. Mas sabemos que um deles era André, o irmão de Simão Pedro (ver versículo 40), que se tornou um dos doze discípulos de Cristo. Algo que ele ouviu enquanto estava com Jesus o impactou tão profundamente que ele decidiu mudar de carreira! O nosso destino flui dos dias que passamos com Jesus.

Outra revelação que André recebeu naquele dia teve a ver não com a sua própria identidade, mas com a identidade de Cristo. Ele começou o dia se referindo a Jesus como um mestre ("Rabi"); ele terminou o dia chamando-O de Messias. *"O primeiro que ele encontrou foi Simão, seu irmão, e lhe disse: 'Achamos o Messias' (isto é, o Cristo)"* (Jo 1:41).

Naquele dia, André recebeu as duas revelações mais importantes necessárias para uma vida bem-sucedida: quem *Cristo* é, que é a chave para abrir tudo o mais na vida, e quem *ele* mesmo era. Quando essas duas coisas são conhecidas, elas revelam o nosso destino. O propósito de qualquer coisa encontra-se na mente do seu criador, e não em si mesma. Encontramos a nossa identidade quando identificamos e conhecemos Aquele que nos criou. Você nunca se encontra realmente até que O encontre. André encontrou os dois naquele dia.

No fim do ministério de Cristo, mais dois de Seus seguidores tiveram um encontro revelador com Ele. O encontro ocorreu imediatamente depois da Cruz; dizer que o mundo deles havia virado de cabeça para baixo seria dizer o mínimo. Descobrir Jesus, viver com Ele e viajar com Ele por três anos, apenas para perdê-Lo, seria a injustiça mais cruel desta vida.

Aqueles dois homens ouviram mais cedo naquele dia que Cristo havia ressuscitado dos mortos. Mas, realmente, quem acreditaria em duas mulheres afligidas pela dor do luto que afirmavam terem sido visitadas por anjos? Isso é exigir demais. E aqueles supostos anjos informaram às mulheres que Cristo tinha ressuscitado dos mortos? Quando eles caminhavam os 10 quilômetros da estrada para Emaús, estavam falando sobre esse relato bom demais para ser verdade e tudo o que ocorrera nos últimos dias. Dizer que eles estavam desanimados, confusos e decepcionados seria pouco.

Foi então que Ele chegou. *"Enquanto conversavam e discutiam, o próprio Jesus Se aproximou e começou a caminhar com eles; mas os olhos deles foram impedidos de reconhecê-Lo"* (Lc 24:15-16).

"Sobre o que vocês estão conversando?" Ele quis saber. Eles fizeram um breve resumo para Jesus, expressando a sua surpresa por Ele perguntar. "Sobre o que mais poderíamos estar falando?" foi o comentário deles. Parece que todos em Jerusalém não podiam pensar em outra coisa a não ser no que havia acontecido com Cristo naqueles últimos dias, já que muitos deles pensaram que Ele poderia ser o tão esperado Messias. Eles contaram a Jesus sobre a tristeza profunda deles e também sobre o boato de que Ele havia ressuscitado dos mortos.

Jesus, com Sua identidade ainda oculta deles, *"explicou-lhes o que constava a respeito Dele em todas as Escrituras"* (v. 27), inclusive o fato de que Ele precisava sofrer e morrer.

Quem não gostaria de ter ouvido esse relato!

Embora eles ainda não soubessem que era Jesus, Suas palavras começaram a impactar o coração deles. *"Não estava queimando o nosso coração, enquanto Ele nos falava no caminho e nos expunha as Escrituras?"* eles declararam (v. 32).

Quando chegaram ao seu destino, os homens insistiram com Jesus para que Ele passasse a noite ali. O Senhor concordou em fazer isso, e durante o jantar, Ele *"Tomou o pão, deu graças, partiu-o e o deu a eles. Então os olhos deles foram abertos e O reconheceram"* (vv. 30-31). Ele desapareceu da vista deles naquele instante, e eles se apressaram para voltar os 10 quilômetros até Jerusalém com a boa notícia: Cristo havia, realmente, ressuscitado.

Acho que é mais que uma coincidência o fato de que, depois de ocultar daqueles homens quem Ele era, o Senhor tenha escolhido liberar a revelação *"quando partia o pão"* (v. 35). Afinal, Ele era "o pão da vida" que havia sido "partido" por eles (ver João 6:33, 35, 48-51), e eles agora podiam participar dessa vida de ressurreição. Será que aquele momento foi a maneira de Jesus dizer a eles: "O sustento que vocês precisam está disponível agora. Ceiem comigo e Eu revelarei a vocês as coisas que vocês precisam saber"? Creio que sim. Também creio que esse fato diz o mesmo a nós. Podemos comer o pão da vida. Fazemos isso comendo as Suas palavras (ver Mateus 4:4).

Coma-as. Ao fazer isso, a revelação virá. Ele Se desvelará a você, assim como Se revelou àqueles dois homens. E como aconteceu com André, Ele também revelará a você o seu propósito e o seu destino.

Passe um dia com Jesus.

Oração

Pai, a Tua glória é ocultar as coisas, e o nosso privilégio como Teus filhos é descobrir essas coisas. Sim, densas trevas Te cercam, mas Tu nos convidas a entrar na Tua nuvem de glória... a nos demorarmos, a ouvir, a receber enquanto Tu retiras o véu, descobres e liberas a revelação. Muito obrigado, Jesus, por abrir o caminho.

Enquanto eu me sento na Tua presença, Senhor, desperta todos os meus sentidos para receber a maior medida de revelação que posso adquirir com relação às Tuas palavras e aos Teus caminhos. Até a próxima vez... e então vamos fazer tudo novamente.

Sei que até que nos encontremos face a face, Jesus, ainda terei uma visão obscurecida da Tua infinita sabedoria e glória, do Teu poder e soberania. Oh, como anseio por esse dia! Até lá, continuarei prosseguindo cada vez mais. Quero Te conhecer nesta vida de todas as maneiras possíveis.

Eu gostaria de passar este dia visitando-Te, Espírito Santo, com as Escrituras abertas diante de mim, enquanto sondas e me revelas os mistérios, os segredos e as profundezas de Deus. Quero ter um vislumbre muito maior, e que dele fluam o meu propósito e o meu destino.

———

(Oração extraída de: Provérbios 25:2; Isaías 45:3; Salmos 97:2; 2 Coríntios 4:3-4; 1 Coríntios 13:12; 1 Coríntios 2:6-10; Salmos 147:5; Isaías 40:28; Lucas 24:32; Mateus 4:4)

22

O PRÓDIGO

No livro *What Will It Take to Change the World* (O que será preciso para mudar o mundo), S. D. Gordon relata a história de um casal que descobriu que o seu filho de quatorze anos — vamos chamá-lo de Steven — havia mentido para eles. Ele faltara à escola por três dias seguidos e foi apanhado quando o seu professor ficou preocupado e ligou para os seus pais para perguntar se ele estava bem.

Os pais obviamente ficaram muito preocupados, mais por causa das mentiras do que por ele ter perdido as aulas. Depois de pensarem no assunto e discutirem a situação, eles se decidiram por uma forma muito incomum e severa de castigo. Durante os três dias seguintes, um para cada dia do seu pecado, ele ficaria preso no sótão, até mesmo comendo e dormindo ali. Steven não teve escolha senão aceitar a punição, e foi para o sótão.

Aquela foi uma longa noite para mamãe e papai, talvez ainda mais longa para eles do que para Steven. No jantar, não conseguiram comer, e depois de uma noite que parecia interminável, finalmente chegou a hora de dormir. Mas a hora de dormir não trouxe alívio algum. À medida que as horas se passavam lentamente, ambos ficaram acordados pensando no quanto Steven devia estar se sentindo só e com medo. Às 2h da manhã, papai não suportou mais. "Vou até o sótão", ele murmurou, enquanto pegava um cobertor e um travesseiro. Ele não ficou surpreso ao encontrar Steven ainda acordado e em lágrimas.

— Steven — disse o pai — não posso tirar o castigo por suas mentiras, porque você precisa aprender a gravidade do que fez. Você deve entender que o pecado, principalmente a mentira, tem consequências graves. Mas sua mãe e eu não conseguimos suportar a ideia de você estar sozinho aqui no sótão, assim, vou dividir o seu castigo com você.

Então ele se deitou ao lado do filho e os dois se abraçaram. As lágrimas do pai se misturaram com as lágrimas do filho, enquanto eles dividiam o mesmo travesseiro e o mesmo castigo.

Que imagem! Há dois mil anos, Deus se levantou "da cama" com o Seu cobertor e o Seu travesseiro — na verdade, eram três cravos e uma cruz para a crucificação — colou o Seu rosto coberto de lágrimas no nosso e levou o nosso castigo pelo pecado. O sótão Dele era um túmulo, a cama Dele uma laje de pedra, e o rosto colado ao Dele era o seu — o seu e o meu.[23]

Nosso pecado não diminuiu o amor de Deus por nós.

Mencionei que fugi de Deus por alguns anos. Na verdade, eu não estava fugindo Dele; estava fugindo da minha dor. Quando eu tinha dezessete anos de idade, meu pai, que era um pastor, caiu em adultério, e como consequência abandonou a nossa família. Foi devastador. (Ele se arrependeu alguns anos depois, foi restaurado ao Senhor, e agora está no Céu. Tivemos um relacionamento maravilhoso durante os últimos trinta anos de sua vida.) Na minha dor e confusão, eu me voltei para as drogas e o álcool. O Senhor foi cheio de graça e paciente, e me buscou por dois anos. Fugi com persistência, mas Ele perseverou e me trouxe de volta através do Seu amor.

Durante aqueles dois anos em que andei desviado, eu tinha uma impressão muito distorcida do meu Pai celestial. Embora eu O imaginasse zangado, na verdade Ele estava sentindo a minha dor. A Bíblia nos diz que Jesus, o nosso Sumo Sacerdote que nos representa no Céu, identifica-se com as nossas fraquezas, tendo sido tentado com todas as tentações que nós enfrentamos (ver Hebreus 4:15). Ele também sofreu rejeição, traição e a dor de relacionamentos quebrados. O Senhor sabe como nos consolar.

O Deus Pai não estava dando desculpas para o meu pecado, mas Ele foi misericordioso e paciente. O Seu desejo era me curar e me purificar, e não condenar e punir. Finalmente, como diz o antigo hino tão claramente: "Quando nada mais podia ajudar, o amor me levantou".[24]

A maioria dos cristãos conhece a história do filho pródigo, contada por Jesus em Lucas 15. Aquele jovem pegou a sua herança enquanto seu pai ainda vivia, saiu de casa e *"desperdiçou os seus bens vivendo irresponsavelmente"* (Lc 15:13). Na verdade, o termo *pródigo* não significa "perdido", "longe de" ou "fugitivo" como muitos pensam; significa "esbanjador imprudente, consumidor extravagante, um desperdiçador". Ele era o "filho desperdiçador".

Igual ao que relatei em nossa história de abertura, um dos principais pontos da história do filho pródigo é o coração do pai. Ambas são grandes imagens do nosso Pai celestial, que é rápido em perdoar e está disposto até mesmo a restituir a nossa herança desperdiçada. Quando o filho voltou para casa:

> *Estando ainda longe, seu pai o viu e, cheio de compaixão, correu para seu filho, e o abraçou e beijou... o pai disse aos seus servos: "Depressa! Tragam a melhor roupa e vistam nele. Coloquem um anel em seu dedo e calçados em seus pés".*
>
> Lucas 15:20, 22

Se você pecou contra Deus — igual ao filho pródigo, o menino no sótão ou igual a mim — o desejo Dele é restaurá-lo. Oro para que você encontre arrependimento e volte para Ele. Antes que você faça qualquer esforço para se arrepender, porém, vamos nos certificar de que você entenda o que é arrependimento. Temos entendido mal essa palavra, assim como entendemos mal a palavra *pródigo*. Biblicamente, *arrependimento* não significa "desviar-se do pecado"; também não significa "remorso". Lamentar pelos nossos pecados é bom, e nos desviarmos deles é definitivamente necessário. Mas antes que essas coisas possam ocorrer, precisamos receber uma mudança de mente, que é o significado literal de *metanoia*, a palavra bíblica para arrependimento. "Um novo entendimento", "pensar de modo diferente" e "um novo conhecimento" seriam boas definições para o arrependimento.

O filho pródigo arrependeu-se. A passagem nos diz que ele *"caiu em si"* (Lc 15:17). Em meio à sua dor, vergonha, falta e condenação, o jovem finalmente despertou. *Eu poderia viver melhor que isto como um dos servos de meu pai*, ele pensou. Com uma nova perspectiva, ele voltou para casa, humilhou-se e confessou os seus pecados.

Eu experimentei o arrependimento ao perceber que Deus não estava zangado comigo. Ele não ficou decepcionado comigo, nem me condenou ou me ameaçou com o fogo do inferno. Ao contrário, Ele foi até mim em um bar uma noite, colocou o Seu rosto junto ao meu e compartilhou a dor do meu pecado. Ele também me ajudou durante o tempo de luto pela perda do meu pai. Recebi uma revelação do Seu amor e, na condição em que me encontrava (arrependido), eu disse a Deus que sentia muito e abandonei o meu pecado.

O Senhor me devolveu para Ele — e para a minha herança. Se você falhou de alguma maneira ou talvez até tenha fugido de Deus, Ele fará o mesmo por você. Não aceite a mentira que diz que o seu pecado diminui o amor Dele por você. Deus corre para encontrar os Seus filhos que retornam. Ele precisa da sua humildade, às vezes até do seu quebrantamento, mas nunca da paralisia debilitante causada pela condenação.

Por volta do fim do século 19, o químico sueco Alfred Nobel acordou uma manhã e leu o seu próprio obituário no jornal local: "Alfred Nobel, inventor da dinamite, que morreu ontem, inventou uma maneira de matar mais pessoas em uma guerra do que nunca, e morreu muito rico".

Na verdade, era o irmão mais velho de Alfred quem havia morrido; um jornalista errou ao escrever o obituário. A descrição teve um efeito profundo sobre Alfred Nobel. Ele decidiu que queria ser conhecido por algo que não fosse inventar meios para matar pessoas em guerra ou acumular grandes riquezas com isso.

Então, ele criou o Prêmio Nobel da Paz, o prêmio para aqueles que promovem a paz. Ele disse: "Todo homem deveria ter a chance de corrigir o seu epitáfio na metade da vida, e escrever um novo".[25]

A sua história não terminou — vá para casa, volte para o Pai.

Oração

Pai, agradeço-Te por me confiar tanto e compartilhar tudo o que tens. Não quero ser um filho pródigo e desperdiçar a minha herança. Quero ser um bom filho e um bom mordomo das Tuas promessas e da Tua provisão. Espírito Santo, ajuda-me a dar valor e a cuidar corretamente de todas as bênçãos espirituais que me foram concedidas através do dom do Teu Filho.

Deus, verdadeiramente Tu és bom de todas as formas — um Amigo fiel, um Pai amoroso e um Consolador cheio de graça. Tu nunca desististe de mim. Os meus olhos foram abertos novamente; posso ver mais claramente agora. Arrependo-me e abandono a desobediência que havia dentro de mim.

Obrigado por me atrair para casa, para o Teu coração, com laços de bondade. Obrigado por me restaurar. Pai, amo a Tua casa! É a ela que pertenço; o lugar onde a Tua bondade e glória habitam. Todos os meus temores e fracassos desaparecem quando estou na Tua doce companhia. É aqui que anseio ficar.

———————

(Oração extraída de: Lucas 15:11-32; Deuteronômio 18:1-2; Mateus 6:19-20; Efésios 1:3; Hebreus 2:18; Hebreus 4:15; João 14:16; Joel 2:13; Lamentações 3:40; Salmos 26:8; João 14:2)

23

O Retorno

Gosto de coisas antigas. Estou certo de que isso não tem nada a ver com o fato de que tenho cinquenta e oito anos de IDADE! (Ceci quer que você saiba que eu me casei com uma mulher *muito* mais jovem.) Gosto de antiguidades, de assistir a programas de TV como *Caçadores de Relíquias e Mestres da Restauração*, de fazer compras em lojas antigas e de estudar História. Ceci e eu sempre gostamos de tirar férias em lugares mais apropriados para pessoas mais velhas. Não sei ao certo como envelheci tão depressa. Agora que estou caminhando para os sessenta, estou tentando renegociar.

Embora eu realmente goste de coisas mais antigas, não gosto de consertá-las ou restaurá-las. Nunca gostei de restaurar móveis, casas ou carros. Uma vez tentei restaurar um motor — e nunca consegui entender onde devia inserir as peças que sobraram nem por que aquela coisa estúpida não funcionou quando terminei. Provavelmente porque era uma tranqueira.

Ah, e teve uma vez que restaurei uma mesa! Ceci ficou tão impressionada que ela a deu para alguém. Primeiro ela me lembrou da passagem da Bíblia em que três dos valentes de Davi ouviram que ele estava ansiando beber água do poço de Belém. Era a sua cidade natal e aquele desejo provavelmente era um anseio pelo conforto do lar. Embora o poço estivesse naquele momento sendo controlado pelos inimigos, aqueles três homens valentes e leais romperam o cerco do inimigo e levaram água do poço para Davi. Ele ficou tão comovido com o amor de sacrifício deles que não quis bebê-la: *"'Longe de mim fazer isso, ó meu Deus!', disse Davi. 'Esta água representa o sangue desses homens que arriscaram a própria vida!'"* (1 Cr 11:19). Davi derramou-a como uma oferta ao Senhor! Essa história sempre me comoveu.

Sabendo o quanto eu amava aquela mesa, Ceci me lembrou do ato nobre e comparou a mesa restaurada com a água. "Ela é preciosa demais para ficarmos com ela", disse ela. "Todo aquele trabalho árduo que você teve para restaurá-la! Acho que vou doá-la para a caridade, para que uma família pobre que nunca poderia comprar uma mesa tão incrível possa desfrutá-la."

Isso me comoveu. Ainda fico engasgado só de pensar no quanto a mesa significava para ela. De qualquer forma, aquela foi a minha única restauração bem-sucedida. Achei melhor parar por ali ou Ceci poderia querer que eu fizesse restauração de móveis o tempo todo.

É claro que algumas pessoas realmente gostam de restauração e são muito boas nisso. Deus é — e Ele é o melhor. Ele pode pegar os corações e as vidas que parecem não ter conserto e torná-los tão bons quanto novos. Na verdade, curar corações partidos e restaurar vidas faz parte da declaração da missão de Cristo:

> *O Espírito do Senhor é sobre mim, pois que me ungiu para evangelizar os pobres. Enviou-me a curar os quebrantados do coração,*

a pregar liberdade aos cativos, a restauração da vista aos cegos, a por em liberdade os oprimidos.

Lucas 4:18 (ACF)

O Filho de Deus encontra grande prazer em curar corações quebrantados e em trazer libertação aos que estão cativos do pecado e da opressão. Ele é um restaurador e redentor por natureza, e não o juiz malévolo que muitos acreditam ser. Em seu famoso Salmo 23, Davi disse do Senhor: *"[Ele] restaura-me o vigor"* (versículo 3). Em outra passagem, ele disse que as palavras do Senhor são poderosas o suficiente para restaurar nossas almas (ver Salmos 19:7, ARA).

Há vários anos aconselhei uma jovem que havia sido vítima de abuso sexual. Sua alma estava aos pedaços, quebrada pela dor de ser abusada por um membro da família. Foi extremamente angustiante ouvi-la falar sobre isso, em meio aos soluços e gemidos. Ao longo dos anos ela se voltou para as drogas e para o álcool, para a promiscuidade sexual, e até cortava a própria pele tentando encontrar uma maneira de fugir do seu passado doloroso. É claro que nenhuma dessas coisas a ajudou. Depois de várias semanas, finalmente consegui persuadi-la a perdoar ao seu abusador, a derrubar as muralhas de proteção que cercavam o seu coração, e a permitir que o Senhor entrasse.

A transformação foi drástica. A dor começou a diminuir e foi substituída pela paz. Ela começou a se ver como uma pessoa pura — não contaminada — e especial para o Senhor. Experimentar o Seu amor permitiu que ela recuperasse o respeito próprio. É especial ser amado por Jesus. Finalmente, a sua capacidade de confiar foi restaurada e agora ela é saudável de todas as maneiras e desfruta o prazer da Sua companhia. Jesus cura e restaura.

Ele também perdoa.

A declaração da missão de Cristo de amor, cura e perdão em Lucas na verdade foi uma citação de Isaías 61:1. Muitos cristãos não gostam de ler os profetas do Antigo Testamento, principalmente os que falam de juízo.

Esses profetas, infelizmente, adquiriram uma má reputação, e Deus também. Os escritos deles, inclusive as previsões de juízo, na verdade têm mais a ver com perdão. A maioria dos julgamentos não vem pela mão de Deus diretamente, mas é a colheita automática que vem como consequência dos atos pecaminosos, uma colheita inevitável daquilo que semeamos. A desobediência, o pecado e a idolatria cobram um preço doloroso (ver Romanos 6:23). Deus estabeleceu esse dia de pagamento pelo pecado a fim de nos dissuadir do que Ele sabia que nos faria mal, e não porque Ele é cruel.

Quando pecamos, a Sua mensagem para nós, assim como foi para Israel por intermédio dos profetas, é "voltem para Mim" e sejam perdoados (ver Isaías 44:22; 55:7; Zacarias 1:3; Malaquias 3:7). O Novo Testamento nos diz: *"Se confessarmos os nossos pecados, Ele é fiel e justo para nos perdoar os pecados e para nos purificar de toda injustiça"* (1 Jo 1:9). Quando nos voltarmos para Ele, a restauração começará. Na verdade, ambos os termos são a mesma palavra hebraica da Bíblia (*shuwb*). Quando *voltamos* para Deus, somos *restaurados* à nossa plenitude e ao nosso propósito.

No evangelho de João, ele compartilha o relato de uma mulher que tinha sido surpreendida no ato de adultério. Os fariseus levaram a mulher a Jesus, pedindo a opinião Dele quanto ao que deveria ser feito com ela.

> *Os mestres da lei e os fariseus trouxeram-Lhe uma mulher sur-preendida em adultério. Fizeram-na ficar em pé diante de todos e disseram a Jesus: Mestre, esta mulher foi surpreendida em ato de adultério. Na Lei, Moisés nos ordena apedrejar tais mulheres. E o Senhor, que diz?*
>
> João 8:3-5

Jesus não lhes respondeu, mas inclinou-Se e começou a escrever na terra. Ninguém sabe o que foi registrado, mas eles persistiram na pergunta. A resposta que Ele finalmente deu é famosa hoje: *"Se algum de vocês estiver sem pecado, seja o primeiro a atirar pedra nela"* (v. 7). Então Jesus Se inclinou para escrever mais uma vez. Novamente, não sabemos o que Ele escreveu — alguns presumem que Ele estava escrevendo alguns dos pecados ocultos deles — mas enquanto Jesus escrevia, eles começaram a sair.

Jesus Se levantou e perguntou a ela:

— *Mulher, onde estão eles? Ninguém a condenou?*

Ela disse:

— Ninguém, Senhor.

Então veio outra das famosas frases de Cristo:

— *Eu também não a condeno. Agora vá e abandone sua vida de pecado* (v. 11).

Que história maravilhosa de perdão. Cristo quer nos restaurar, e não nos condenar. Seu perdão àquela mulher não contribuiu em nada para diminuir o erro do adultério. O que ele faz é exemplificar o nível e o poder avassalador do amor redentor de Cristo. Ele está esperando para redimir, e não para condenar.

Nossa percepção distorcida das intenções de Deus é perfeitamente ilustrada pela lenda urbana de uma mulher dirigindo para casa sozinha certa noite, quando percebeu um homem em um caminhão grande que a seguia. Ficando cada vez com mais medo, ela acelerou, tentando escapar do seu perseguidor, mas foi em vão. Então ela saiu da estrada e pegou uma rua principal, mas o caminhão continuou atrás dela, até mesmo avançando sinais vermelhos para isso.

Em pânico, a mulher parou em um posto de gasolina e correu para dentro gritando. O motorista do caminhão correu até o seu carro, abriu a porta de trás com força e arrancou um homem que estava escondido no chão do carro, atrás do assento do motorista.

A mulher estava fugindo da pessoa errada. *Ela estava fugindo do seu salvador!* O motorista do caminhão, sentado em uma altura que lhe permitia ver o banco de trás da mulher, viu aquele provável estuprador e estava perseguindo-a para salvá-la, ainda que isso significasse colocar a própria vida em risco.

Muitas vezes fugimos de Deus, temendo a Sua ira, enquanto Ele está nos perseguindo para nos salvar da destruição. Ele quer somente o que é melhor para nós, e morreu para isso. Em vez de vê-Lo como nosso Salvador, porém, às vezes nós vemos somente a promessa de perda e a falta de realização. Quero incentivar você: se você pecou, pare de fugir da pessoa errada. Volte para Deus e permita que Ele o perdoe e o cure.

Nos populares quadrinhos *Calvin e Haroldo*, de Bill Watterson, Calvin conta ao seu amigo tigre, Haroldo, que se sente mal por insultar sua colega Susie chamando-a de nomes feios. Quando Haroldo sugere que Calvin peça desculpas, o menino pensa por um instante e responde: "Continuo esperando que haja uma solução menos óbvia".[26]

Não existe uma solução menos óbvia. Se você tem algum pecado não perdoado em sua vida, corra para Jesus e peça perdão. Ele não está esperando com um cinto, mas com o Seu sangue purificador. Um dos meus hinos favoritos é um hino que me lembro desde os meus primeiros dias.

> Há uma fonte, cheia de sangue, que flui das veias de Emanuel;
> E os pecadores que nela se lavarem
> Sem manchas de culpa ficarão.[27]

Milhões se banharam nessa fonte e perderam as manchas da culpa. O seu pecado não é páreo para o poder purificador do sangue de Cristo derramado, nem a sua dor. A Cruz prova o Seu amor.

Mergulhe nele.

Oração

Que Pai bondoso e cheio de graça Tu és, não apenas nos perdoando quando voltamos para Ti, mas curando corações e restaurando vidas também. Jesus, Tua missão redentora é tão nobre e Tu és fiel para cumpri-la quando vamos a Ti, mesmo quando parece que não temos mais conserto. Sou extremamente grato pelo poder purificador do Teu sangue.

A verdade é que Tu só tens boas intenções para comigo. Ainda assim, tantas vezes fujo de Ti, Deus. Ajuda-me, Espírito Santo, a não olhar para a minha condição frágil, mas para a graça salvadora de Deus e Seu amoroso poder que está aqui para me levantar. Arrependo-me. Vou parar de fugir e voltar para Ti.

A Tua Palavra é poderosa o bastante para restaurar completamente a minha alma, para me fortalecer e para me dar asas para voar; escolho meditar nela agora. O Teu bom desejo para mim é que eu desfrute o prazer da Tua companhia, e a partir desse lugar de plenitude, confiança e descanso, eu possa então correr e voar.

(Oração extraída de: Lucas 4:18; Salmos 23:3; Salmos 19:7; Isaías 44:22; Isaías 55:7; Zacarias 1:3; Malaquias 3:7; 1 João 1:9; Tito 2:11; Hebreus 4:16; Isaías 40:31)

24

A REVELAÇÃO

Eu era bom no futebol americano. Na verdade, eu era muito bom. Ah, por que ser tão humilde? Eu era ótimo. (Você deve ter ouvido falar do sujeito que ganhou um prêmio por ser o mais humilde, mas o tiraram dele porque ele passou a usar a faixa "Sou o mais humilde".)

Na verdade, meu futebol era decente e eu ficava um degrau abaixo disso no basquete e no atletismo. Eu me esforçava muito nessas atividades, principalmente no futebol americano. Diferente de alguns dos atletas mais talentosos, eu precisava ser muito dedicado para alcançar qualquer nível de sucesso. Comecei como *quarterback* por três anos no segundo grau, mas foi a minha ética de trabalho tenaz que me possibilitou fazer isso, e não a minha habilidade natural.

Encontrei muito da minha identidade no atletismo. Por ter crescido como um garoto muito inseguro, precisava do sucesso nos esportes para me sentir bem comigo mesmo. À medida que eu me destacava, também me tornei popular e pude esconder as minhas inseguranças e o medo do fracasso e da rejeição que as acompanhava. Sem que eu percebesse o que estava acontecendo, minha autoestima passou a se fundamentar no desempenho. Minha autoaceitação não se baseava no bem-estar interior, mas era medida inteiramente pela qualidade do meu desempenho.

O meu sucesso nos esportes, somado à minha popularidade e os mecanismos subconscientes de superação que eu havia embutido na minha personalidade, impediram que eu percebesse o quanto, na verdade, eu era inseguro. Nossas almas podem parecer muito diferentes exteriormente do que realmente são interiormente. Podemos até enganar a nós mesmos, criando o que se chama de "pontos cegos". Provavelmente, todos nós temos alguns deles. Chame-os do que quiser — eu estava com problemas e não sabia disso.

Quando me tornei aluno do Instituto Cristo para as Nações, em 1977, por meio do meu hábito de passar tempo com Ele, o Senhor começou a me mostrar a minha condição interior. Esse processo teve início devido à inveja intensa que eu sentia de outro aluno por causa dos dons e da popularidade dele.

Por vários dias, tentei negar aqueles sentimentos. Pensando que eu os estava *afastando*, na verdade eu os empurrava para *baixo*, para algum buraco oculto em minha alma. Eu acreditava que negando aqueles sentimentos poderia impedi-los de ter domínio sobre mim. Mas como uma bola de borracha em uma piscina, a inveja continuava voltando à tona. O que eu não queria admitir era que esses sentimentos tinham origem dentro de mim; não eram uma tentação vinda de fora. As minhas inseguranças profundas e camufladas estavam reagindo ao sucesso de outra pessoa, e eu não tinha nenhum jogo de sexta-feira à noite para abafar esses sentimentos.

O Espírito Santo começou a falar comigo sobre isso, desafiando-me a reconhecer que a inveja realmente existia *dentro de mim*, não era apenas uma tentação. Argumentei com esses "pensamentos", recusando-me a acreditar que eles eram a voz do Espírito Santo. Mas Ele persistiu, e finalmente prevaleceu. Eu não podia mais negar aquele sentimento, mas não sabia como desalojá-lo.

Para a maioria das pessoas, o fato de ter sentido inveja pode não ter sido grande coisa como foi para mim. Uma pessoa segura provavelmente teria reconhecido isso, pedido a Deus para ajudá-la a lidar com isso e seguido em frente. Eu, porém, era um perfeccionista inseguro; eu usava o "desempenho" para ter a aceitação Dele, assim como a dos outros. Sentia-me condenado por ter esse problema e sentia raiva por não conseguir vencê-lo. Lembro-me de que finalmente disse para Deus, de repente:

— Tudo bem, estou com inveja! Tenho problemas.

Ele provavelmente sorriu.

— *Não estou zangado ou decepcionado com você por essa fraqueza existir* — ouvi-O dizer claramente. — *Sei como isso entrou aí e sei que você não teve qualquer controle sobre o processo. Apenas quero que você se livre disso.*

Eu sabia que era o Espírito Santo falando comigo e fiquei chocado por Ele não estar zangado ou decepcionado comigo. Daquele momento em diante, minha percepção acerca de Deus começou a mudar. Olhando para trás, agora vejo que todo o meu mundo começou a mudar. *Yahweh* passou a ser o meu Pai, e não apenas o meu Deus.

Nos dias que se seguiram, quando comecei a confiar no Seu coração, Ele começou a focar na causa, e não apenas no efeito. A inveja era um sintoma; inseguranças profundas eram a raiz. Mais uma vez, em princípio resisti um pouco. *Não sou inseguro, pensei. Sou extrovertido, popular, amigável. Sou muito seguro.*

Mas novamente, o Espírito Santo persistiu amorosamente, dando-me algumas evidências. "Você manipula os relacionamentos para ficar no controle. Você é falante e extrovertido, mas essa não é realmente a personalidade que Eu lhe dei. Na verdade, é algo que você desenvolveu para ser visto como alguém legal e divertido. Quando você está envolvido em uma conversa, não está realmente ouvindo a outra pessoa; você está pensando no que dizer em seguida para parecer interessante, inteligente ou engraçado. Você está sempre se exibindo e tentando fazer coisas em busca de aceitação... até mesmo comigo. Se você não permitir que Eu cure isso em você, um dia isso lhe custará o seu destino."

Fiquei perplexo. Durante as semanas que se seguiram, comecei a ver claramente essas coisas sobre mim mesmo. Se eu estivesse falando com alguém, o Espírito Santo apontava o meu comportamento: *"Veja, você acaba de fazer o que Eu descrevi"*. Quando essas manifestações ocorriam e Ele as apontava, eu finalmente podia ver os padrões e reconhecer os meus problemas de desempenho.

Finalmente, eu disse ao Senhor: "Está certo, vejo os medos e inseguranças em mim. O que devo fazer?" Durante os períodos de devocional a sós com Deus, Ele me guiou aos versículos da Bíblia nos quais eu deveria meditar. Ele falou ao meu coração de maneiras que trouxeram consolo, cura, segurança e força. O Seu coração de Pai foi impressionante.

À medida que Ele me curava, minha personalidade realmente mudou. Meu verdadeiro eu é tranquilo e um tanto introvertido por natureza. Gosto de estar só. Deus me fez assim. É necessário gostar da solidão para estudar, pensar, orar, escrever e passar muito tempo da vida sozinho em quartos de hotel. Também não sinto mais a necessidade de ser aceito por intermédio do meu desempenho. Não tenho nada a provar e sou seguro em ser quem Ele me criou para ser.

Quando Deus revela fraquezas em nossas vidas, não é para nos condenar. O objetivo Dele é resolver o problema, e não nos expor. O fogo Dele tem o objetivo de nos refinar, e a Sua máquina de polir, como a de um mestre joalheiro, é para nos moldar na forma do diamante mais magnífico possível. Ele sabe como e onde podemos brilhar mais. Deus é o nosso Pai, e não um feitor de escravos; é um Pastor e não um mercenário. Confie no Seu coração e nos Seus caminhos. O nosso sábio Criador não comete erros, nunca calcula mal e não há dias em que Seu desempenho é ruim. Os Seus caminhos são perfeitos.

O salmista Davi aprendeu a confiar em Deus. *"Sonda-me"*, disse ele, *"e conhece o meu coração; prova-me e conhece as minhas inquietações; vê se em minha conduta algo Te ofende, e dirige-me pelo caminho eterno"* (Sl 139:23-24). Algo que "ofende" vem da palavra hebraica *otseb*, que significa "dor, seja mental ou física, tristeza ou um hábito nocivo", inclusive a idolatria e outras formas de maldade. Davi estava dizendo: "Não me conheço como acho que conheço, Senhor. Talvez seja melhor Tu dares uma olhada dentro de mim e verificar as coisas. Vê se o meu coração tem algum bloqueio ou um problema de válvula; analisa a minha alma e mostra-me os meus pontos cegos. Olha para dentro das minhas emoções e revela qualquer dor enterrada ou alguma ferida não curada. Talvez eu tenha vivido com elas por tanto tempo que aprendi a compensá-las, confundindo mecanismos de defesa com a verdadeira saúde. Creio que Tu me conduzirás a sair de qualquer problema que encontres, e me levarás aos Teus caminhos maravilhosos de cura".

Talvez devêssemos fazer uma oração como essa.

O Grande Médico nos conhece melhor do que nós conhecemos a nós mesmos. Confie Nele com todo o seu coração. Você nunca conhecerá plenamente o prazer da Sua companhia até que o experimente com um coração saudável. Não procure ganhar o amor e a aceitação do seu Pai por intermédio do seu "desempenho", contentando-se com um relacionamento superficial. Você foi criado para ter mais, muito mais.

Hoje começa o novo.

Oração

Pai, Teu amor é impressionante! Tu Te recusas a permitir que vivamos com a dor secreta das feridas ocultas não curadas. Levas tempo para destacar gentilmente os problemas do meu coração enquanto me convidas para subir no Teu colo, encostar a minha cabeça no Teu peito, e depois deixar que as Tuas mãos suaves trabalhem.

Cura e plenitude são o resultado da Tua obra em mim; bondade e compaixão são as Tuas ferramentas. Nunca há um sermão condenando os meus erros, apenas uma revelação muito necessária da minha necessidade. E se eu me render totalmente, Tu removerás não apenas os sintomas da minha fraqueza, mas certamente irás diretamente à raiz dela.

Hoje ponho de lado o meu orgulho para que eu possa erguer a Ti uma oração como a de Davi. Senhor, sonda o meu coração; examina todos os meus pensamentos e caminhos. Mostra-me os padrões de comportamento que indicam o meu estado — as manifestações da enfermidade em meu coração.

Grande Médico, coloco-me sobre a Tua mesa, rendendo o meu tudo. Coloca as Tuas mãos de cura sobre mim agora. Sei que será um processo meticuloso, mas que vale a pena. Guia-me, Espírito Santo, a aplicar o remédio das Escrituras a cada área da minha vida. Quero experimentar plenamente o bálsamo de cura do prazer da Tua companhia.

(Oração extraída de: Salmos 103:1-14; Salmos 51:1-13; Salmos 26:2 3; Salmos 139:23-24; Salmos 107:19-22; Lamentações 3:40; Efésios 5:26-27; Atos 22:16; Isaías 53:4)

25

O Olhar

Uma das coisas de que gosto na Bíblia é que Deus permite que os Seus heróis da fé sejam reais, escolhendo não esconder a humanidade deles do restante de nós, terráqueos extremamente humanos. Os pedestais são ótimos para exibir aqueles que não são humanos, mas eles são instáveis demais para suportar o ser humano comum. Há preocupações com relação a isso no que se refere às Escrituras. A Bíblia deixa qualquer *reality show* da TV no chinelo: casos amorosos, assassinatos, traições, fracassos — todos os problemas humanos estão presentes nela.

Simão Pedro é um desses personagens da vida real. Amo a sua realidade. Um pescador prático, ganhando a vida na pequena aldeia de Cafarnaum, no mar da Galileia, Pedro era provavelmente um indivíduo rude, embrutecido, durão. Esse discípulo que falava francamente, às vezes expressava suas emoções sem pensar — ele repreendeu Jesus certa vez (ver Mateus 16:22) e mais tarde cortou a orelha do servo do sumo sacerdote quando o Senhor foi preso (ver João 18:10). E, como muitos bons pescadores, era conhecido por dizer alguns palavrões quando necessário (ver Mateus 26:24).

Como qualquer bom carpinteiro com um pedaço de madeira bruta, Jesus podia ver além dos nós e das deformidades de Pedro e enxergar o potencial dentro dele. *Gosto deste sujeito*, Ele deve ter pensado. *Ele ainda precisa ser lapidado, mas tem um grande potencial.* Ele pode ter até refletido um pouco, um tanto pensativamente, à medida que o Seu dom profético era ativado: *Ele é tão leal, na verdade, que um dia estará disposto a morrer por Mim* (ver João 13:36; 21:19). *"Sigam-me!"*, Jesus gritou para Pedro e seu irmão André em um dia fatídico. O restante, como dizem, é história.

Um dos momentos em que Pedro mais demonstrou sua humanidade aconteceu na Última Ceia, na noite anterior à crucificação de Cristo. Como muitos de nós, ele era um pouco confiante demais no seu compromisso com o Mestre. Quando Jesus falou sobre a Sua prisão e acerca dos discípulos se espalharem, Pedro falou e se gabou: *"Eu nunca fugirei. Estou pronto para ir para a prisão e morrer por Ti"* (Lc 22:33, parafraseado).

Estou certo de que Pedro acreditava que o seu nível de comprometimento era tão grande assim. Cristo, porém, sabia mais e deu a Pedro a profecia hoje famosa: *"Antes que o galo cante hoje, três vezes você negará que Me conhece"* (v. 34). Evidentemente, o Senhor não era o único que via o potencial de Pedro. Satanás queria tirá-lo de cena. "Simão, Simão", disse Jesus a Pedro.

> *Satanás pediu vocês para peneirá-los como trigo. Mas Eu orei por você, para que a sua fé não desfaleça. E quando você se converter, fortaleça os seus irmãos.*
>
> Lucas 22:31-32

Em vez de ficar ofendido ou irritado com Pedro devido à sua traição iminente, Jesus foi compassivo para com ele. "Eu orei por você", disse o Senhor, "e por causa disso você vai superar essa prova".

O Senhor sabe que no curso da vida todos nós falharemos com Ele. Se Ele exigisse perfeição, onde estaríamos todos nós? Jesus estava ciente das fraquezas de Pedro, mas também sabia que no fundo dele havia um coração fiel, e Ele estava determinado a garimpar o ouro. Ele está comprometido com o seu desenvolvimento e sucesso também. Ele não vai desistir de você.

A profecia do Senhor com relação a Pedro se cumpriu mais tarde naquela noite. Ele realmente negou Cristo três vezes. Sempre acreditei que a negação de Pedro tivesse nascido mais da confusão que do medo. A confusão desorienta e leva ao medo, que por sua vez gera a perda da coragem e a paralisia. Pedro sentiu tudo isso. Em princípio, ele estava pronto para lutar por Jesus. Algumas horas antes, quando o Senhor foi preso, ele havia desembainhado a espada e cortado fora a orelha do escravo do sumo sacerdote. Mas Jesus escolheu não resistir à prisão, e agora as coisas estavam saindo do controle.

Tendo seguido Cristo para o Seu julgamento, ele observava os procedimentos a distância quando por três vezes foi acusado de ser um de Seus discípulos. Quando a terceira acusação ocorreu, as coisas ficaram caóticas — Cristo estava sendo esbofeteado, espancado e cuspido, e uma atmosfera perigosa se formava em meio à multidão descontrolada.

No que deve ter sido um estado confuso de pânico, Pedro cedeu à pressão. "Não O conheço!" ele gritou, apimentando sua negação com uma linguagem torpe. A Bíblia diz: *"Ele começou a lançar maldições e a jurar"* (Mt 26:74). Obviamente, ele disse mais de um palavrão.

Considero o que aconteceu em seguida muito comovente. Jesus estava próximo o suficiente para ouvi-lo e, ao fazer isso *"O Senhor voltou-Se e olhou diretamente para Pedro"* (Lc 22:61). Ficamos imaginando que tipo de olhar Ele deu a Pedro, mas com certeza não foi um olhar de choque ou surpresa; afinal, Ele havia previsto a negação. Outra possibilidade seria o Senhor ter lhe dado um olhar aborrecido, condenatório, do tipo "não acredito que você fez isso". Conhecendo Cristo como conheço, não posso acreditar que esse tenha sido o olhar que Ele deu a Pedro, tampouco.

Embora obviamente isto não possa ser provado, estou razoavelmente convencido de que Jesus deu àquele pescador perturbado e confuso — que havia deixado tudo para segui-Lo — um olhar de profunda compaixão e apoio. *"Não se preocupe, Pedro, Eu entendo. E ainda acredito em você. Lembre-se de que Eu previ que isto aconteceria e orei por você. Tudo vai ficar bem."*

Se eu estiver certo, pensar que Cristo teve a serenidade de estar preocupado com o bem-estar de outra pessoa em um momento como aquele é impressionante. Poderíamos imaginar que a reação Dele, se não fosse de surpresa ou ira, seria pelo menos algo do tipo: *"Estou um pouco ocupado aqui redimindo o mundo, Pedro, e as coisas estão ficando um pouco intensas. Sinto muito, mas você está por conta própria agora"*. Mas Jesus não era um homem qualquer. Mesmo quando estava na Cruz, num instante Ele estava consolando um ladrão, no outro se certificando de que alguém cuidaria de Sua mãe. De acordo com a Sua personalidade e com a natureza dos Seus comentários anteriores, creio que Ele deu a Pedro um olhar amoroso e de apoio. Também acredito que, com um olhar, Ele salvou o destino de Pedro.

Vendo o olhar de Cristo, Pedro ficou arrasado. Podemos apenas imaginar o jorrar das emoções que ele estava sentindo. No Getsêmani, ele havia acabado de ver Cristo literalmente sangrar pelos poros de Sua pele, uma condição física chamada de hematidrose. Então, veio a prisão e os espancamentos — o rosto de Cristo e Suas roupas deviam estar cobertos de sangue e cuspe. E agora isso. Vencido pela emoção, Pedro fugiu do julgamento e *"chorou amargamente"* (ver Lucas 22:62).

A montanha-russa emocional continuou com a Cruz e depois três dias de luto, seguidos pela ressurreição. Por mais entusiasmados que os discípulos estivessem por ver Jesus vivo, porém, as coisas ainda não eram as mesmas. Ele continuava desaparecendo e reaparecendo, apenas para partir novamente. Ele estava ausente na maior parte do tempo. Finalmente,

Pedro disse: "Basta!" Tudo aquilo estava acima das suas forças. Não temos certeza quanto aos seus pensamentos exatos, mas imagino que tenha sido algo do tipo: *Não sou rabino nem teólogo, tampouco sou profeta, com capacidade de entender mistérios e ver o futuro. Não entendo toda esta teologia, e com certeza nem os acontecimentos dos últimos dias. Nada saiu como eu esperava; não faço ideia de onde Jesus está. Vou voltar para a única coisa que realmente entendo neste momento.* "Vou voltar a pescar", disse ele a muitos dos outros discípulos (ver João 21:3).

Também confusos e incapazes de compreender todos aqueles acontecimentos, eles disseram simplesmente: *"Nós vamos com você".*

Suponho que seja possível que eles estivessem apenas precisando de um pouco de descanso e recuperação, mas não penso que seja assim. Creio que eles estavam arrasados. Tendo voltado para casa para Cafarnaum no Mar da Galileia, não é preciso ter muita imaginação para pensar que eles provavelmente estavam sentados ali sem fazer nada, perguntando um ao outro: "O que vamos fazer agora? Como vamos ganhar a vida, pagar as contas?" Finalmente, um deles declarou o óbvio: "Bem, ainda temos um barco".

"Sim", respondeu Pedro, "e eu vou pescar".

Imagino que o Senhor tenha compreendido o apuro deles. Ele o havia causado, afinal, e sabia que se eles pudessem apenas aguentar até o Pentecostes eles teriam êxito. Então Ele disse ao Pai, ao Espírito Santo e a Gabriel que iria fazer mais uma aparição na Terra: *"Seria útil para os rapazes receber mais uma palavra de encorajamento, principalmente para Pedro. Vou preparar o café da manhã para eles, fazer uma visita e ajudá-los a pagar algumas contas".*

E foi exatamente isso que Ele fez.

Depois que eles terminaram uma noite infrutífera de pesca, Jesus estava esperando na praia ao nascer do dia. Quando eles estavam a cerca de 90 metros da margem, Ele gritou:

— *Vocês pegaram algum peixe?*

O Senhor sabia que eles não haviam pescado nada; Ele provavelmente causara aquela noite infrutífera para poder chamar a atenção deles para o que estava prestes a fazer!

— Não — eles responderam, ainda incapazes de reconhecê-Lo.

— *"Lancem a rede do lado direito do barco e vocês encontrarão"* (Jo 21:6).

Os sinais de alerta devem ter começado a disparar, lembrando a eles um encontro anterior com Jesus, quando Ele os ajudou a recolher uma grande pesca e em seguida os convidou a segui-Lo (ver Lucas 5:1-11). Com as semelhanças, eles devem ter se perguntado, mas... *De jeito nenhum. Não podia ser Ele.*

Eles decidiram fazer uma tentativa de seguir o plano Dele e, claro, pegaram mais peixes do que podiam arrastar para dentro do barco. João, agora com certeza, disse: *"É o Senhor"* (Jo 21:7). E Pedro — você precisa amar esse cara — ficou tão empolgado que decidiu pular dentro d'água e nadar até a praia. Por que não esperar até que o barco pudesse ser levado a remo pelos 90 metros até a praia? Esse não era Pedro! Com certeza você pode ver o seu grande amor por Jesus. Ele ficou tão perturbado que em vez de *tirar* algumas de suas roupas para tornar o nado mais fácil, ele *colocou* a sua capa e mergulhou na água. Impetuoso? Talvez. Mas também apaixonado.

Jesus deve ter sorrido. Ele já acendera uma fogueira e estava cozinhando algo. *"Venham tomar o café da manhã"*, Ele os convidou. Aquilo deve ter trazido de volta grandes lembranças a todos eles. Não sabemos tudo que conversaram, mas o prazer da Sua companhia deve ter sido maravilhosamente reconfortante.

Finalmente, sabendo que Pedro provavelmente ainda estava sofrendo por tê-Lo negado anteriormente, Jesus começou a tratar da situação. Por três vezes Ele perguntou a Pedro se ele O amava, e todas as vezes Pedro respondeu afirmativamente. Alguns teólogos acreditam que Jesus fez a pergunta três vezes a fim de compensar as três negativas de Pedro, mas na primeira vez que Ele fez a pergunta a Pedro, Jesus acrescentou: *"Você Me ama mais do que estes?"* (v. 15, grifos do autor). Ele estava Se referindo aos outros discípulos, ou Ele estava fazendo referência aos peixes? Creio que Jesus estava Se referindo aos peixes, que representavam o antigo meio de vida e profissão de Pedro. Será por isso que Ele escolheu encontrá-los no mesmo lugar onde havia ocorrido o chamado original deles, e o motivo pelo qual Ele operou exatamente o mesmo milagre? Se isso não bastasse, então Ele deu a Pedro a mesma ordem — duas vezes — como havia feito na primeira ocasião. *"Siga-Me!"* Ele lhe disse (v. 19).

Quando Pedro tentou desviar a atenção de si mesmo para João, Jesus não quis ouvir nada daquilo. *"Se Eu quiser que ele permaneça vivo até que Eu volte, o que lhe importa? Quanto a você, siga-Me!"* (v. 22). Observe os pontos de exclamação. Essas frases são ordens no tempo verbal grego no qual foram escritas. Jesus estava dizendo àquele pescador duvidoso: *"O seu chamado não mudou, Pedro, Eu ainda preciso de você, e será para pescar homens e não peixes. O seu fracasso não o desqualificou, e o fato de Eu não estar por aqui no presente não alterou o plano. Aguente firme — tudo fará sentido dentro de mais alguns dias"*.

E fez.

No dia de Pentecostes, Pedro nasceu de novo e foi cheio com o Espírito Santo. O Cristo que costumava andar ao lado dele agora vivia dentro dele. Pedro pregou naquele dia, e três mil pessoas nasceram de novo! Alguns dias depois, ele curou um coxo conhecido de toda a cidade de Jerusalém, e mais cinco mil pessoas foram salvas!

Ele havia conseguido.

O negador rabugento, boca suja, impetuoso e confuso havia sobrevivido ao seu trauma e superado o momento mais confuso e importante da história do mundo. Ele entrou na nova era da humanidade redimida com força e propósito. Você também vai conseguir. Se e quando você falhar com Jesus — e a maioria de nós falhará — procure o olhar. Ele estará lá. Entenda que todos os contratempos são transitórios. Quando você estiver sofrendo e confuso, Ele quer levá-lo para tomar o café da manhã, e não expulsar você da família.

Siga-O!

Oração

Pai, sou muito grato porque Tu olhas além das deficiências externas e sondas o profundo do interior, garimpando em busca do ouro que está dentro do meu coração. Jesus, Tu estavas plenamente ciente das fraquezas de Pedro, mas olhaste para a fidelidade que através do amor humilde e da compaixão pudeste ver nele.

Obrigado, Senhor, pelo Teu comprometimento com o meu desenvolvimento e sucesso. Fico impressionado com o fato de que Tu nunca desististe de mim! Mesmo quando estou totalmente cheio de confusão, medo e vergonha do fracasso, Tu sussurras para mim amorosamente: "Olhe para cima, minha criança", e com um olhar dos Teus olhos, fico totalmente rendido. Consolo, confiança e uma nova força nascem dentro de mim.

Hoje, escolho sentar-me face a face contigo e devolver o Teu olhar intenso. Identidade, destino e tudo o que preciso encontrarei nesses olhos de fogo que estão ardendo de paixão por mim. Eu Te seguirei, Jesus, e procurarei o olhar que é tudo.

(Oração extraída de: 1 Samuel 16:7; Apocalipse 1:14; Salmos 25:15; 2 Crônicas 6:19; Salmos 145:15; Levítico 26:9; Lucas 22:61-62)

26

O Altar

Você já se perdeu? Eu já. Bem, eu não estava *realmente* perdido. Sou um homem, você entende. Nós não nos perdemos; simplesmente dirigimos em círculos por horas a fio porque gostamos de pegar o caminho que tem a melhor vista. Fazemos isso por diversão. Depois de algumas horas, paramos para "ir ao banheiro" e perguntamos a alguém — muito discretamente — para ter certeza de que não estamos *realmente* perdidos.

"É, está tudo certo", declaramos aos nossos passageiros. "Tudo que precisamos fazer é..." A maior distância na qual eu não me perdi *realmente* foram 140 quilômetros.

Lembro-me do dia em que eu não estava *realmente* perdido na floresta. Eu estava caçando em uma região do Colorado que era nova para mim.

Chegamos à nossa cabana no fim da tarde e decidi aproveitar as últimas horas de luz do dia. Vou explorar a área um pouco, pensei. *Isso me dará uma pequena vantagem amanhã de manhã. E, quem sabe, posso até ter a sorte de ver um alce. É melhor levar a minha arma.*

Explorei a área por vinte minutos a mais do que deveria. Isso significava ter de fazer uma longa caminhada de volta até a cabana no escuro. Sem problemas. Eu estava com a minha lanterna, a minha bússola e o meu kit de sobrevivência. Eu não estava com medo. Era por isso que eu assobiava e cantarolava enquanto andava. Sempre assobio e cantarolo quando estou na floresta à noite, quando não estou *realmente* perdido e não estou *realmente* com medo.

Em algum momento, peguei uma entrada errada. As coisas parecem diferentes quando estamos indo na direção oposta, principalmente no escuro.

Nada desperta a imaginação como estar sozinho e perdido — bem, não *realmente* perdido — em uma mata desconhecida à noite. (Não que eu estivesse com medo, você entende.) Criaturas nas quais eu nem sequer acredito vivem nas matas desconhecidas à noite. Ouvi barulhos que eram muito esquisitos. Também passei por aproximadamente dez leões da montanha e cinco ursos. Felizmente, eles me ouviram assobiar, detectaram a minha confiança e fugiram. É de grande ajuda ser mais esperto do que eles.

Em situações como essa, a certa altura a mente começa a ter pensamentos loucos e a fazer perguntas estranhas. Lembro-me de pensar: *Sei que dizem que todos os alces são vegetarianos, mas me pergunto se alguns realmente não comem carne? Eles não têm o poder de dedução que nós, humanos, temos, mas será que eles poderiam saber por que estou aqui?*

"Claro que não!" eu me ouvi dizer em voz alta.

Então, por alguma razão desconhecida também me ouvi dizer muito alto: "Que noite maravilhosa para uma caminhada! Espero que nenhum alce pense que eu os estou caçando".

De repente, algo saltou próximo à trilha. Troncos e galhos estalaram e o chão tremeu quando alguma coisa que parecia um cavalo retumbou pela noite. Acho que era um Pé-grande. Depois de ter estabelecido um novo recorde para a corrida de 400 metros, desacelerei para 80 quilômetros por hora e me parabenizei por ter a calma de aproveitar aquele tempo a sós para fazer um pouco de exercício. Se você está quase, mas não *realmente* perdido na mata, por que não aproveitar para fazer um pouco de exercício aeróbico.

"Tenho certeza que a maioria dos homens nunca pensaria nisso", eu me gabei para mim mesmo. "Eles ficariam apavorados demais". Finalmente, cheguei à estrada principal. Estava a apenas um quilômetro e meio ou dois mais para o sul de onde queria estar. *Nada mau*, pensei.

Quando me aproximei da cabana, os meus companheiros preocupados estavam do lado de fora esperando por mim.

— Estávamos começando a ficar um pouco preocupados — eles disseram. — Você estava perdido?

— Não realmente — respondi.

— Provavelmente você só queria fazer um pouco de exercício, certo? — eles observaram. Afinal, aquilo era algo corriqueiro. Os homens entendem esse tipo de coisa.[28]

Nós, humanos, não estamos realmente perdidos. Estamos apenas perambulando pelo planeta, exercitando-nos no escuro. Em geral, não temos consciência da nossa condição de perdidos. (Pense nisso.) Admitir a nossa condição de perdidos é o primeiro passo para sermos achados. O passo seguinte? A Cruz.

Pode ser algo desafiador caminhar pelas ruas de Londres. A cidade é enorme, e suas ruas fazem ziguezagues em diferentes direções. Já estive ali muitas vezes, e na maioria delas não faço ideia de onde estou ou de como cheguei. Simplesmente deixo isso a cargo dos meus anfitriões e dos motoristas de táxi. Mas há certos marcos que servem como bons pontos de referência para os moradores locais. Um deles é a Charing Cross (Cruz de Charing). Próxima ao centro da cidade, ela é conhecida da maioria dos londrinos.

Uma garotinha se perdeu nesse labirinto avassalador de concreto, rios, prédios e rotatórias. Um *bobby*, o termo informal usado para se referir a um policial britânico, encontrou-a perambulando pelas ruas. Entre soluços e lágrimas ela explicou ao *bobby* que estava perdida.

— Não sei o caminho para casa — ela falou choramingando. O policial perguntou qual era seu endereço.

— Não sei — ela disse, ainda mais em pânico.

— Qual é o seu telefone? — ele perguntou. Ela também não sabia. — Existe alguma coisa de que você se lembre? — o gentil *bobby* perguntou à garotinha. De repente, o rosto dela se iluminou.

— Conheço a cruz, ela exclamou. — Leve-me até a cruz. Posso encontrar o caminho para casa de lá.[29]

Os perdidos têm encontrado o seu caminho para casa através da Cruz há dois mil anos. Fácil de encontrar, porém perdida por muitos, ela marca o caminho para a casa do Pai. Amo a Cruz — foi ali que encontrei pela primeira vez o prazer da Sua companhia. Visitas frequentes a ela para pensar e meditar são recomendadas.

Deus escondeu imagens da Cruz no Antigo Testamento. Os móveis do Tabernáculo, por exemplo, compunham a forma de uma cruz. Outras imagens não vieram na forma de um objeto, mas através de sua mensagem ou significado.

Um deles era uma montanha chamada Ebal. Localizada do outro lado do vale havia outra montanha, Gerizim, e essas duas montanhas se tornaram muito significativas.

Ebal era árida e rochosa — foi de onde ela recebeu o seu nome, que significa "monte pedregoso de esterilidade". Gerizim, no entanto, era fértil e exuberante. Compatível com seus nomes, Ebal se tornou a montanha associada às maldições e juízos relativos ao pecado, e Gerizim às bênçãos da redenção. Era nessas duas montanhas que as maldições resultantes da desobediência e as bênçãos ligadas à obediência eram lidas para as doze tribos de Israel (ver Josué 8:30-35). A descrição completa dessas bênçãos e maldições pode ser encontrada nos capítulos 27 e 28 de Deuteronômio.

A cerimônia de leitura era única. Com os israelitas no vale (Siquém) entre as duas montanhas, delegados de seis tribos subiam ao topo do monte Ebal, e representantes das outras seis subiam ao monte Gerizim. As maldições eram lidas no monte Ebal, sem dúvida uma consequência do seu estado e nome, e as bênçãos eram lidas no monte Gerizim. Devia ser muito dramático para os ouvintes lá embaixo quando essas bênçãos e maldições ecoavam pelo vale. Essa encenação dramática era uma mensagem clara para Israel: a escolha entre ser abençoado ou amaldiçoado cabe inteiramente a você.

O que não era tão claro era a imagem da Cruz e da nossa redenção oculta nesse evento. Israel tinha ordens de levantar um altar no monte Ebal — nenhum altar era erguido no monte Gerizim — no qual eles ofereciam sacrifícios e ofertas a Jeová. A esterilidade e a ausência de vida no monte Ebal representavam a nós, humanos, em nosso estado de morte e maldição espiritual. O altar e os sacrifícios oferecidos ali simbolizavam Jesus se tornando o nosso sacrifício a fim de levar a nossa maldição e a nossa morte espiritual. Ele foi para o monte "Ebal", o lugar de esterilidade e maldição, para nos dar a frutificação e as bênçãos representadas pelo monte Gerizim. O Novo Testamento deixa isso claro.

> *Cristo nos redimiu da* maldição *da Lei quando se tornou* maldição *em nosso lugar, pois está escrito: "Maldito todo aquele que for pendurado num madeiro". Isso para que em Cristo Jesus a* bênção *de Abraão chegasse também aos gentios, para que recebêssemos a promessa do Espírito mediante a fé.*
>
> Gálatas 3:13-14 (grifos do autor).

Esses versículos deixam claro que por causa do sacrifício de Cristo temos o tremendo privilégio de escolher as bênçãos de Deuteronômio 28. Mas havia outra *parte* da cerimônia que também retratava essa grande verdade. Israel fez mais do que sacrificar no altar de Ebal. Eles também pintaram as pedras com cal e escreveram nelas todas as palavras da Lei de Moisés. Isso está detalhado em Deuteronômio 27:1-8. Por que esse ato estranho? Não vemos a resposta até que o Espírito Santo a interprete para nós por meio dos escritos do apóstolo Paulo:

> *Quando vocês estavam mortos em pecados e na incircuncisão da sua carne, Deus os vivificou com Cristo. Ele nos perdoou todas as transgressões, e cancelou a escrita de dívida, que consistia em ordenanças, e que nos era contrária. Ele a removeu, pregando-a na Cruz.*
>
> Colossenses 2:13-14

Absolutamente incrível.

Estou certo de que aqueles israelitas no monte da maldição não sabiam que estavam pintando uma imagem da Cruz, onde Cristo cancelaria as maldições que eles estavam escrevendo e nos concederia as bênçãos da redenção. Deve ter sido um dia tremendo para Cristo quando Ele viu isso do Céu. Talvez, ao presenciar os atos e ouvir as maldições sendo lidas no Monte Ebal, Ele tenha estremecido um pouco. Afinal, a dor que Ele teria de suportar ao cumprir os atos proféticos seria terrível. Mas Jesus deve ter sorrido quando ouviu as maravilhosas bênçãos sendo lidas no monte Gerizim. O escritor de Hebreus nos diz: *"Pela alegria que Lhe fora proposta, [Cristo] suportou a Cruz"* (Hb 12:2).

Separe algum tempo e leia Deuteronômio 27 e 28. Pense no preço que Jesus pagou na Cruz e decida-se a receber as Suas bênçãos. Aliás, por que você não declara as bênçãos mencionadas em Deuteronômio 28 em voz alta sobre si mesmo e sua família? Que tal fazer isso diariamente por algum tempo!

Depois dessa cerimônia, os samaritanos construíram um templo no monte Gerizim, em oposição ao templo em Jerusalém, que se tornou o lugar de adoração deles. Embora não tenha sido sancionado por Deus, é fácil ver por que eles escolheram Gerizim em vez do monte Ebal como o lugar de adoração. O problema é que não podemos contornar o Ebal (a

Cruz) e ir direto para as bênçãos. Muitas pessoas tentam fazer isso, mas simplesmente não há caminho para casa... sem começar na Cruz.

Incentivo você a visitar o monte Ebal com frequência em suas meditações. Você encontrará ali uma velha e rude cruz — adore-O ali. Quanto mais fizer isso, mais você se verá em Gerizim.

Rude cruz se erigiu
Dela o dia fugiu
Como emblema de vergonha e dor
Mas contemplo essa cruz
Porque nela Jesus
Deu a vida por mim pecador

Sim, eu amo a mensagem da cruz
'Té morrer eu a vou proclamar
Levarei eu também minha cruz
'Té por uma coroa trocar.[30]

Oração

Pai, sou extremamente grato pela Tua dádiva da graça — por ele fui salvo da condenação eterna e revestido de poder para viver uma vida de vitória. Jesus, foi a Tua Cruz que tornou essa graça disponível, e hoje escolho refletir sobre ela e voltar a ela.

Ajuda-me a realmente encontrar o meu caminho de volta para a Cruz, reconhecendo e valorizando sua importância. Estou pedindo que me ensines a me apropriar plenamente desse dom celestial, recebendo as maldições canceladas e as bênçãos concedidas pela redenção. Sei que receber os plenos direitos de filhos é uma escolha que cabe a mim.

Escolho viver o caminho da bênção exposto em Deuteronômio 28, obedecendo diligentemente aos Teus mandamentos, Senhor, e sempre andando nos Teus caminhos. Que as Tuas bênçãos me persigam e me alcancem de tal maneira que eu seja favorecido aonde quer que eu vá. Bendito seja tudo que eu produza e toque, e a vitória sobre os meus inimigos estará garantida.

Ao pé da Cruz há redenção; uma fonte de bênção e vida abundante. Escolho me sentar diante da velha rude cruz e beber profundamente enquanto aprecio o prazer da Tua companhia.

(Oração extraída de: Efésios 2:5; Gálatas 3:13-14; Gálatas 4:5; 1 Pedro 2:24; Romanos 10:4; Atos 13:39; Colossenses 2:13-14; Hebreus 12:2; Deuteronômio 28)

27

A Vantagem

"*É para o bem de vocês que Eu vou*", disse Jesus aos Seus discípulos (Jo 16:7). Você pode imaginar uma declaração que soe mais absurda? Eles viajaram com Ele por três anos, ouvindo-O falar sobre a vida, os caminhos de Deus e o Reino dos céus. Suas palavras tinham tanta sabedoria e autoridade que até os inimigos diziam Dele: "*Ninguém jamais falou da maneira como esse homem fala*" (Jo 7:46).

Eles O viram curar olhos cegos, abrir ouvidos surdos, curar paralíticos, sarar leprosos e ressuscitar mortos. Quando um dia precisou de dinheiro, Ele o buscou na boca de um peixe. Em outra ocasião, quando teve de atravessar um lago e não havia um barco disponível, Ele simplesmente andou sobre as águas. E quando as tempestades tentaram aborrecê-Lo, Ele venceu o vento com o poder das Suas palavras.

Então Ele tem a audácia de dizer àqueles homens: *"Vou deixar vocês, e é para o seu próprio bem"*. Podemos apenas imaginar o choque e a incredulidade dos discípulos. Não era incomum ouvir falar que Jesus os chocava com Suas declarações. *"Vocês terão de comer o Meu corpo e beber o Meu sangue"*, Ele disse a uma grande multidão em certa ocasião. Lembre-se de que aquelas pessoas não iam à igreja toda semana nem participavam da Santa Ceia; elas não faziam ideia do que Ele estava falando, e vários de Seus seguidores O deixaram por causa disso.

Um pouco antes de fazer a declaração absurda *"é para o bem de vocês que Eu vou"*, Jesus mais uma vez chocou os discípulos, dizendo coisas que eles só entenderiam mais tarde. Desta vez, Ele falou especificamente acerca do Céu.

Na casa de Meu Pai há muitos aposentos; se não fosse assim, Eu lhes teria dito. Vou preparar-lhes lugar. E se Eu for e lhes preparar lugar, voltarei e os levarei para Mim, para que vocês estejam onde Eu estiver. Vocês conhecem o caminho para onde vou.

João 14:2-4

Nesse ponto do sermão de Jesus, Tomé — graças a Deus por Tomé — tomou a palavra e disse o que todos eles estavam pensando: "Não temos a menor ideia do que o Senhor está falando" (v. 5, paráfrase de Sheets). Jesus não pareceu Se incomodar muito com isso e seguiu adiante com o Seu discurso.

Não entender a declaração sobre "os aposentos celestiais" era uma coisa; os discípulos provavelmente pensaram: *Vamos ter de confiar Nele sobre isso aí. Mas e quanto a esse negócio de partir, a coisa era diferente. Ir embora? É melhor do que ficar? Acho que não.

O que Cristo realmente quis dizer quando disse: *"É para o bem de vocês que Eu vou"*? Dois entendimentos nos ajudarão. O primeiro tem a ver com a Sua escolha pela palavra *bem*, ou como a versão em inglês King James diz, "vantagem". A palavra grega é *sumphero*, que significa "reunir".

Considerando que reunir as coisas ou as pessoas certas gera benefícios ou vantagens, a palavra foi usada no sentido de conveniência ou de ter uma vantagem.

Cristo estava dizendo aos Seus discípulos: *"A Minha partida ocasionará uma nova conexão para vocês. Essa 'união' será de grande benefício para vocês, mais ainda que a Minha presença física".*

O segundo entendimento que traz iluminação às palavras de Cristo é uma consciência de com quem Ele iria conectar os discípulos: o Espírito Santo. Por que esse relacionamento seria tão vantajoso? Porque Ele estaria com eles em forma de espírito e não em um corpo de carne e osso como Cristo havia estado, e Ele poderia estar em todos os lugares ao mesmo tempo. Ele poderia estar "dentro" deles e não apenas "com" eles (ver João 14:17).

Não creio que muitas pessoas cheguem sequer perto de captar essa revelação na sua totalidade. Deus está em nós. Yahweh, o Deus Eterno e Todo-Poderoso, o EU SOU — *esse* Deus está dentro de nós. Como nós seríamos se pudéssemos receber uma revelação plena desse fato? Talvez nos tornássemos "pequenos Cristos", que é o significado da palavra *cristão*. Seria possível que as palavras de Cristo sobre nós fazermos as mesmas obras que Ele fez se realizassem? Será que seríamos operadores de milagres, transformadores de vidas, completamente altruístas e sempre guiados pelo Espírito Santo? Andaríamos em perfeito amor? Por mais incrível que pareça, creio que sim.

Leia o que duas das principais vozes cristãs de nossos dias escreveram com relação ao Espírito Santo. Jack Hayford diz sobre Ele:

- É o Espírito que mantém a Palavra viva e que a faz "encarnar" progressivamente em mim...
- É o Espírito que derrama a paixão sobre a oração e o louvor, gerando a fé essencial para o sobrenatural.
- É o Espírito que me ensina e me instrui para que o "espelho" da Palavra brilhe trazendo Jesus para dentro de mim e impedindo a

entrada do pecado...

- É o Espírito que gera amor, amabilidade e um espírito de unidade em meu coração; para que eu não apenas ame os perdidos e queira ver as pessoas serem levadas a Cristo, mas ame todos os demais cristãos e me recuse a tornar-me um instrumento de injúria ao Corpo de Cristo — a Igreja.[31]

O falecido Bill Bright, fundador do ministério de evangelismo *Campus Crusade for Christ* (Cruzada Universitária para Cristo), declara:

- Ele nos guia (Jo 1:13), nos reveste de poder (Mq 3:8) e nos santifica (Rm 15:16). Ele testifica em nossas vidas (Rm 8:16), nos consola (Jo 14:16-26), nos dá alegria (Rm 14:17)...
- Como nosso professor das verdades espirituais, o Espírito Santo ilumina as nossas mentes com percepções da mente de Cristo (1 Co 2:12-13) e nos revela as coisas ocultas de Deus (Is 40:13-14)...
- À medida que você é cheio do Espírito Santo, a Bíblia se torna viva, a oração se torna vital, o seu testemunho se torna eficaz, e a obediência se torna uma alegria. Então, como resultado da sua obediência nessas áreas, a sua fé aumenta e você se torna mais maduro na sua vida espiritual.[32]

Que maravilha! O Espírito Santo é tudo isso e muito mais. Ele foi o ajudador de Cristo e deve ser o nosso também. Como homem, Jesus foi cheio do Espírito Santo, foi guiado por Ele, foi revestido de poder por Ele e foi ungido por Ele (ver Lucas 4). Atos 10:38 também nos diz que a fonte de origem do poder e da unção de Cristo era o Espírito Santo. Esse mesmo Espírito Santo habita em nós e quer ser a nossa fonte de poder e força. Mas muitas vezes não fazemos essa conexão, por isso não permitimos que o Seu poder flua.

Em uma aula de missões no seminário, Herbert Jackson contou que quando era um novo missionário, ganhou um carro que não dava a partida sem um empurrão. Depois de refletir sobre o problema, ele desenvolveu um plano. Foi à escola próxima à sua casa, obteve permissão para tirar algumas crianças da aula e as fez empurrarem o carro. Quando ele precisava ir a algum lugar, estacionava em uma ladeira ou deixava o carro ligado. Ele usou esse recurso criativo por dois anos.

Problemas de saúde obrigaram a família Jackson a se mudar, e outro missionário foi ocupar aquele posto. Quando Jackson começou a explicar orgulhosamente o seu estratagema para dar a partida no carro, o missionário começou a olhar por baixo do capô. Antes que a explicação terminasse, o novo missionário o interrompeu: "Veja, Dr. Jackson, creio que o único problema é este cabo solto". Ele apertou o cabo, entrou no carro, girou a chave e, para a surpresa de Jackson, o motor roncou e começou a funcionar.

Durante dois anos, um esforço desnecessário havia se transformado em rotina. A energia estava ali o tempo todo. Apenas uma conexão solta impedia Jackson de colocá-la em funcionamento.[33]

J. B. Phillips parafraseia Efésios 1:19-20: *"Como é tremendo o poder que está disponível a nós que cremos em Deus"*. Quando firmamos a nossa conexão com o Espírito Santo, Sua vida e poder fluem através de nós. Não desperdice essa ajuda impressionante.

A Bíblia diz em 2 Coríntios 13:14: *"A graça do Senhor Jesus Cristo, o amor de Deus e a comunhão do Espírito Santo sejam com todos vocês"*. O termo comunhão vem de koinonia, e é rico em significado, revelando uma parte do que o Espírito Santo quer ser em nossas vidas. As palavras seguintes são traduções de koinonia:

- *Amizade* — o Espírito Santo quer passar tempo conosco.
- *Comunhão* — o Espírito Santo quer ter comunhão conosco.
- *Compartilhar* — o Espírito Santo quer compartilhar Suas percepções e poder conosco.
- *Participação em ou com* — o Espírito Santo quer participar dos nossos esforços e atividades.

- *Distribuição* — o Espírito Santo quer distribuir revelação, dons, unções e bênçãos entre nós.
- *Transmissão* — o Espírito Santo quer transmitir a natureza e os benefícios de Deus a nós.
- *Partilhar* — o Espírito Santo quer que partilhemos da Sua unção e vida.
- *Parceria* — o Espírito Santo quer ser o nosso parceiro.
- *Companheirismo* — o Espírito Santo quer ter o prazer da sua companhia.

"Que a *koinonia* do Espírito Santo seja com vocês." Uau! Que declaração carregada de significado. A Bíblia nos diz em Provérbios que Ele quer ter um relacionamento "íntimo" e não superficial conosco (ver Provérbios 3:32, ACF). O Salmo 25:14 diz: *"O Senhor confia os Seus segredos aos que O temem, e os leva a conhecer a Sua aliança"*. As palavras segredos e íntimo são traduzidas a partir da mesma palavra hebraica *cowd*, que significa "sofá, almofada ou travesseiro". A imagem é a de dois amigos íntimos sentados em um sofá, ou talvez de um marido e sua mulher compartilhando um travesseiro, desfrutando o prazer da companhia um do outro.

O Senhor quer ter esse tipo de relacionamento com você — achegue-se para conhecê-Lo!

Oração

Obrigado, Deus, porque depois do tempo do Teu Filho Jesus na Terra, Tu nos enviaste outro Ajudador — Tu mesmo na forma do Espírito Santo — para habitar não apenas entre nós, mas dentro de nós, e para nos guiar enquanto administramos a grande vitória que Jesus conquistou.

Espírito Santo, anseio por experimentar tudo que Tu és e tudo que Tu podes fazer. Não quero apenas conhecer-Te; desejo tê-Lo vivo e ativo em cada parte do meu falar, dos meus atos e pensamentos. Quero a conveniência e o revestimento de poder do Parakleto para que a semelhança de Cristo e o avanço do Reino sejam manifestos dentro de mim.

Espírito Santo, Tu és a conexão à doce comunhão com o Pai, para maiores vislumbres das profundezas de Deus e para fazer obras maiores que as que Jesus fez. Senhor, ajuda-me a receber uma plena revelação de como posso ser guiado pelo Teu Espírito de todas as maneiras. Abro as Escrituras e posiciono o meu coração para entender a koinonia *do Espírito Santo. Peço-Te o prazer da Tua companhia.*

(Oração extraída de: João 14:16-26; João 1:12-13; Miqueias 3:8; Romanos 15:16; Romanos 8:16; 1 Coríntios 2:12-13; Isaías 40:13-14; Lucas 4; Atos 10:38; Efésios 1:18-20; 2 Coríntios 13:14; Salmos 25:14)

28

A FACE

Este capítulo é um pouco mais longo que os outros, mas valerá o seu tempo.

Quando nasci, meu pai era um evangelista itinerante. Aqueles eram dias em que muitas igrejas evangélicas tinham duas semanas de avivamento por ano. As igrejas não pagavam muito — na verdade, às vezes meu pai recebia alimentos como pagamento em vez de dinheiro — o que significava que ele não podia ficar sem pregar nem tirar um tempo de folga, pois ficaríamos sem ter o que comer. Assim, ele pregava quase todas as noites — sobre a ira de Deus e o fogo do inferno. E funcionava. A pregação assustava as pessoas e as fazia irem para o "banco do lamento" — esse era o nome usado por muitos naquele tempo para descrever o altar ou o banco para ajoelhar-se. Papai descrevia as chamas do inferno tão bem que eu começava a suar.

Por essa razão, fui salvo muito jovem — e várias vezes, só por garantia! Acho que devo ter nascido de novo antes mesmo de nascer! Por isso, uma vida religiosa foi tudo o que conheci em minha infância. Um cristão era o que eu era e ir à igreja era o que eu fazia. Ouvi tanto sobre as Escrituras que eu era sempre um dos melhores nas gincanas bíblicas das reuniões de jovens, respondendo à maioria das perguntas de conhecimento geral com facilidade. Eu tinha uma excelente base bíblica, e quando me perguntavam se eu conhecia Deus, a resposta era um "sim" imediato e inequívoco.

Mas eu não O conhecia.

Sabia quem Deus era, e com certeza havia nascido de novo. Mas eu realmente não O conhecia de uma forma pessoal. Frequentava a "casa de Deus", como costumávamos dizer quando íamos à igreja, mas eu nunca me conectara ao Seu coração. Tragicamente, eu havia conhecido a promessa da religião, mas nunca tive o prazer da Sua companhia.

Ser um cristão nascido de novo não é o mesmo que conhecer a Deus de uma forma pessoal. Quando era menino, não me lembro de ter experimentado momentos com o Senhor que eu descreveria como conexões íntimas ou de coração para coração. Eu não era hipócrita; simplesmente não sabia como me conectar com Deus pessoalmente e em profundidade. Em minha família, ser um cristão era simplesmente o que fazíamos. Meu pai era um pregador — eu servia ao Deus do meu pai. Quando olho para trás, fica óbvio que minha mãe foi o maior exemplo de piedade em nossa casa, mas mantínhamos uma cultura muito patriarcal e, portanto, era em meu pai que eu me focava mais como o meu exemplo de alguém temente a Deus.

Quando ele deixou o ministério, saiu de casa, divorciou-se de minha mãe e casou-se com outra pessoa, todos os meus mundos desabaram: o mundo da minha família foi destroçado, o meu mundo religioso perdeu toda a credibilidade, e o meu mundo pessoal sofreu uma colisão direta com o cinismo e a rebelião. As duas coisas que me trouxeram identidade e estabilidade — a fé e a família — haviam desaparecido. Sem esses anco-radouros, comecei a ficar à deriva nas águas turvas da dor, da amargura e do pecado.

Olhando para trás, entendo que a minha fé pessoal simplesmente não era forte o suficiente para me sustentar durante aquela prova. Eu não conhecia Yahweh por experiência como o *meu* Deus. Na verdade, Ele era o Deus do meu *pai*. Por conseguinte, quando papai falhou e me deixou, o seu Deus fez o mesmo. Um Deus "emprestado", de uma geração que não é a sua, pode levar você para o Céu, mas não fará muito por você aqui na Terra. Quando as coisas ficarem difíceis, é melhor que Ele seja o *seu* Deus.

Um dos grandes patriarcas hebreus, Jacó, neto de Abraão, é um grande exemplo bíblico do tipo "Ele é o Deus de meu pai". Seu nome, Jacó, significa "aquele que segura pelo calcanhar", e um dos seus significados figurativos é "aquele que contorna, como se fizesse os outros tropeçarem; também reter, como se segurasse pelo calcanhar". Jacó recebeu esse nome porque nasceu segurando o calcanhar de seu irmão gêmeo, Esaú. O aspecto engraçado de seu nome, "aquele que segura o calcanhar", se tornou mais do que isso para Jacó. Na verdade, era um jogo de palavras, retratando profeticamente um lado mau da natureza de Jacó, uma tendência ao conluio para deter os outros para poder avançar. A versão em inglês da *Amplified Bible* usa quatro palavras para resumir o que Jacó se tornou: um *suplantador*, um *conspirador*, um *trapaceiro*, um *vigarista* (ver Gênesis 32:27). (Para todos vocês que se chamam Jacó, animem-se. O problema não era o nome de Jacó, mas a sua natureza. Jacó é um nome associado com honra e grandeza aos olhos de Deus e dos homens. Na verdade, Jeová escolheu chamar a Si mesmo de *"o Deus de Abraão, de Isaque e de Jacó"*.)

Você pode se surpreender ao saber que durante os primeiros quase quarenta anos da vida de Jacó, Jeová nunca havia sido mencionado como o seu Deus. Ele era citado como o "Deus de Abraão e Isaque", e nunca como o "Deus de Jacó". Sua jornada com o Senhor começou em Gênesis 28, onde Jeová estendeu a ele a mesma oferta de bênção e parceria em aliança que havia originalmente concedido a Abraão.

Jacó partiu de Berseba e foi para Harã. Chegando a determinado lugar, parou para pernoitar, porque o sol já se havia posto. Tomando uma das pedras dali, usou-a como travesseiro e deitou-se. E teve um sonho no qual viu uma escada apoiada na Terra; o seu topo alcançava os Céus, e os anjos de Deus subiam e desciam por ela. Ao lado dele estava o Senhor, que lhe disse: "Eu Sou o Senhor, o Deus de seu pai Abraão e o Deus de Isaque. Darei a você e a seus descendentes a terra na qual você está deitado. Seus descendentes serão como o pó da terra, e se espalharão para o Oeste e para o Leste, para o Norte e para o Sul. Todos os povos da Terra serão abençoados por meio de você e da sua descendência. Estou com você e cuidarei de você, aonde quer que vá; e Eu o trarei de volta a esta terra. Não o deixarei enquanto não fizer o que lhe prometi". Quando Jacó acordou do sono, disse: "Sem dúvida o Senhor está neste lugar, mas eu não sabia!" Teve medo e disse: "Temível é este lugar! Não é outro, senão a casa de Deus; esta é a porta dos Céus".

Gênesis 28:10-17

Incrivelmente, depois desse encontro dramático com o Senhor, Jacó ainda está disposto a se relacionar com Yahweh como o Deus de seu pai ou de seu avô, e não como o seu Deus. De fato, Ele disse ao Senhor que ainda não tinha certeza se deveria ou não fazer Dele o seu Deus. Ele decidiria mais tarde, *de acordo com o desempenho de Jeová.*

Então Jacó fez um voto, dizendo: Se Deus estiver comigo, cuidar de mim nesta viagem que estou fazendo, prover-me de comida e roupa, e levar-me de volta em segurança à casa de meu pai, então o Senhor será o meu Deus.

Gênesis 28:20-21 (grifos do autor).

Você pode imaginar tamanha audácia? "Se o Seu desempenho for bom o bastante, Jeová — se me der terras, proteção e favor —, eu O escolherei acima de Baal e os outros deuses de Canaã". Jacó demonstra claramente que ter uma experiência em Betel ("a casa de Deus"), até mesmo ter um encontro poderoso com Ele ali, não faz necessariamente Dele o seu Deus.

A fim de demonstrar que esse era realmente o acordo, por seis vezes ao longo dos vinte anos seguintes o Senhor é mencionado como o Deus dos pais de Jacó, mas nunca é chamado o Deus de Jacó (ver Gênesis 28:13; 31:5, 29, 42, 53; 32:9). Pais piedosos, encontros divinos, visitações angelicais, sonhos sobrenaturais e uma visita à casa de Deus não foram o suficiente para transformar o relacionamento superficial de Jacó com o Senhor em um relacionamento de coração. Essas coisas nunca são suficientes. Somente decisões intencionais e pessoais podem transformar o coração. Não posso evitar me perguntar quantos cristãos nasceram de novo há cinco, dez ou mesmo vinte anos como Jacó, e como eu nos meus primeiros anos, mas nunca tiveram um relacionamento íntimo com Deus. Relacionamentos superficiais proliferam na casa de Deus. Acordos são feitos o tempo todo: "Se o Senhor me abençoar e me levar para o Céu um dia, eu serei um cristão".

Que tragédia!

Por fim, essa condição mudou para Jacó duas décadas depois, após um segundo encontro com o Senhor. Esse encontro impressionante foi tão pessoal e poderoso que Jacó chamou o lugar de *Peniel*, que quer dizer "a face de Deus". Subjugado e transformado, ele declarou: *"Vi a Deus face a face"* (Gn 32:30). Que diferença entre Betel e Peniel. Betel, um relacionamento "na casa de Deus", permite que a pessoa conheça as bênçãos da salvação sem jamais experimentar o prazer da Sua companhia. Nesse nível de relacionamento, Jesus é mais um Salvador que um amigo, e Deus é mais um governante distante que um Pai afetuoso. Um relacionamento face a face em Peniel, no entanto, muda tudo. Jesus se torna o nosso Amigo (ver João 15:15), Deus se torna o Aba-Papai (ver Romanos 8:15), e o Espírito Santo se torna o nosso Ajudador muito próximo (ver João 14:16).

Uma olhada mais profunda em Peniel nos dá uma percepção maior. O termo vem de *paneh*, a palavra hebraica para "face". É interessante e revelador que *paneh* seja também a palavra para "presença". Voltar o rosto para alguém, como nos encontros face a face, obviamente requer que estejamos na presença desse alguém. Assim, a palavra para "face" se tornou a palavra para "presença". Quando as Escrituras falam dos indivíduos terem relacionamentos face a face com Deus, ou que a face de Deus resplandece sobre nós (ver Números 6:25; Salmos 80:3, 7, 19), elas obviamente não estão sugerindo que devemos ver o Seu rosto físico. Em vez disso, estamos sendo lembrados que podemos viver na Sua presença, cuja intimidade é tão pessoal que é semelhante a um encontro face a face com um amigo.

As circunstâncias que levaram a Peniel, o início da caminhada de Jacó face a face com Deus, são importantes para se avaliar, pois elas retratam Yahweh lidando com todos nós em nossa jornada de Betel a Peniel. Jacó está prestes a ir para casa, onde ele enfrentará seu irmão, Esaú, de quem ele havia surrupiado a cobiçada herança da primogenitura vinte anos antes. Na jornada, Jacó se aproxima cada vez mais de um confronto com o poderoso Esaú, que ouviu falar da sua aproximação e está a caminho para encontrar Jacó com quatrocentos homens. Para Esaú, a vingança seria doce.

Como manda o figurino, o conspirador Jacó desenvolve um plano para aplacar o seu irmão ainda ofendido, enviando uma série de presentes à sua frente. À medida que prossegue em seu caminho, Jacó acaba enviando tudo o que possui a Esaú, inclusive os seus servos. Por fim, ele envia até mesmo a sua família. Deve ter sido uma visão dolorosa observá-los atravessar o ribeiro chamado Jaboque, perguntando-se se algum dia os veria novamente (ver Gênesis 32:22).

Jaboque significa "esvaziar", e que ironia o fato de que aquele era o lugar onde todas as realizações e riquezas de Jacó — suas bênçãos na "casa de Deus" — tenham sido retiradas dele. Deus está determinado a aprofundar o relacionamento e percebe que para fazer isso Ele terá de esvaziar Jacó, pelo menos temporariamente, de todas as coisas que Jacó havia colocado antes de Deus em sua escala de prioridade.

Que cena esta se tornou! Jacó, que havia passado toda a sua vida valendo-se de artifícios para conseguir as coisas e para superar todos os obstáculos em seu caminho, está rico — muito rico — e provou que está no topo da cadeia alimentar no que se refere a manipular as circunstâncias.

Ou pelo menos ele pensava assim.

Deus tinha um compromisso marcado com Jacó ali em Jaboque, e em um único dia tudo desapareceu, foi esvaziado e transferido para o irmão que ele enganara havia vinte anos. Resumindo, quarenta anos "segurando no calcanhar" com muito esforço desapareceram em um dia.

O versículo seguinte resume a circunstância de Jacó e prepara o terreno para o que está para ocorrer: *"E Jacó ficou sozinho"* (Gn 32:24). Jacó havia comprado e armado situações para sair dos problemas e ter prosperidade pela última vez. Ele ainda não está ciente disso, mas Esaú se tornou o menor dos seus problemas — ele está a sós com Deus, e desta vez não é para ter doces sonhos, como foi em Betel! Por mais absurdo que pareça, Jacó e Deus passam a noite lutando (ver versículo 24). Isso não parece divertido!

O adversário celestial começa deslocando a coxa de Jacó. Na Bíblia, a coxa de uma pessoa representa a sua força. Não apenas os bens e a família de Jacó foram "esvaziados", como Deus agora também retirou a sua força. Mas não existem muitas pessoas que poderiam ser tão teimosas quanto Jacó. Ele ainda lutava.

"Não o deixarei ir até que me abençoes", ele diz ao seu oponente, que muitos estudiosos acreditam ser uma aparição no Antigo Testamento do próprio Cristo pré-encarnado. Que bênção é essa que Jacó quer? Proteção contra Esaú, claro. O Senhor, porém, está prestes a abençoar aquele que segura no calcanhar com algo muito maior!

Sua resposta inicial à declaração de Jacó é tão bizarra que parece até que um versículo ou dois foram omitidos. *Qual é o seu nome?* Ele pergunta a Jacó (Gn 32:27). Tente imaginar isto: dois homens lutando, um mancando mas aguentando firme como se fosse para salvar a sua vida enquanto pede uma bênção, e o outro — que obviamente conhece o Seu oponente — perguntando qual é o seu nome. Poderia parecer engraçado, e até mesmo ridículo, se você não soubesse o que Deus estava fazendo.

A versão *Amplified Bible* fornece a explicação mais clara que já vi para esse cenário. Ela traduz a resposta de Jacó no versículo 27 desta forma: *"E [em choque pela constatação, sussurrando] ele disse, Jacó [suplantador, conspirador, trapaceiro, vigarista]!"* Jacó estava reconhecendo a sua verdadeira natureza: "Sou um vigarista enganador".

Finalmente!

Jacó estava buscando uma coisa; Deus estava atrás de outra completamente diferente. Jacó estava buscando outra bênção — proteção. Enquanto isso, Deus estava buscando Jacó. *"Não são os seus bens, seus servos, ou sua família que Eu quero, Jacó. [O Senhor devolve tudo a Jacó outra vez]. É atrás da sua velha natureza que Eu estou. Você pode enganar a todos, mas não pode enganar a Mim. Quero que você entenda, de uma vez por todas, que a sua força não é o que Eu preciso de você. Preciso que você reconheça a sua fraqueza — quem você realmente é. Só então posso tirar isso de você, libertando-o de si mesmo. Quero ter um relacionamento muito mais profundo com você, um relacionamento que tenha acesso ao seu coração, e não um 'acordo' que façamos envolvendo benefícios temporais e terrenos. E porque Eu Sou Deus, Eu poderia até mesmo matá-lo, mas prefiro conquistar o seu coração. Então poderemos correr juntos e posso usar você para Me ajudar a salvar o mundo."*

Impressionante!

A luta terminou no instante em que Jacó reconheceu a sua verdadeira condição. O objetivo de Deus não era ganhar uma luta, mas sim um amigo. E o que Ele fez em seguida? Demonstrando Sua incomparável graça, Deus mudou o nome dele: *"Seu nome não será mais Jacó, mas sim Israel"* (v. 28).

Não entenda isso errado. Se o seu nome é Jacó, você não precisa mudar de nome. O Senhor continuou Se referindo a ele como Jacó depois disso. Ele estava simplesmente dizendo àquele Jacó específico que o simbolismo negativo que aquele nome tinha para ele não existia mais. Agora o nobre e patriarcal Jacó podia emergir. Em uma demonstração incomparável da

Sua graça, sabedoria e amor persistente, Deus transformou esse vigarista enganador em um príncipe e patriarca, assim como Ele pretende fazer com cada um de nós. Os Seus atos soberanos deixaram claro o quadro maior: *"Agora podemos seguir em frente com o sonho que lhe dei em Betel, Jacó. Porque o sonho não foi somente para você; ele foi para Mim também. E para as gerações que se seguirão! Eu lhe disse que abençoaria todas as nações da Terra através de você. Eu preciso de uma nação por meio da qual possa demonstrar ao mundo os Meus caminhos e o Meu coração, e por intermédio da qual Eu possa trazer o Messias. Você dará à luz essa nação para mim, e você fará isso de Peniel — a Minha presença".*

Quando Deus lutou com Jacó, Ele estava lutando pelo coração de um homem e guerreando pelo Seu sonho de redimir a raça humana!

Israel, que deixou a luta coxo de uma perna e teve sua vida transformada por esse evento, decidiu chamar o lugar de Peniel. Vinte anos antes, Jacó havia entrado em Betel, a "casa de Deus", e encontrou um sonho. Naquele dia ele havia visto a "face de Deus" e encontrou Aquele que é o Doador de Sonhos. Ele nunca mais seria o mesmo.[34]

Nas pegadas dessa experiência, há mais uma cena poderosa demais para ser deixada de fora. Jacó ergueu um altar e deu a ele um nome. Em seus dias, os altares eram monumentos, uma maneira de comemorar eventos importantes. Em certo sentido, eles lhes davam um senso de permanência. O nome que ele deu ao altar, El Elohe Israel (Gn 33:20), era uma declaração magnífica. Essa frase significa "Deus, o Deus de Israel". Lembre-se de que Israel ainda não era uma nação; foi o novo nome dado a Jacó em Peniel. Ele estava se referindo a si mesmo. O monumento era a sua declaração: "Fiz a minha escolha. Yahweh não é apenas o Deus de meu pai — Ele é o meu Deus". Amo ver quando um plano se cumpre!

Um relacionamento do tipo Betel — "a casa de Deus" — não irá sustentá-lo nos momentos difíceis da vida. Tão importante quanto isso, ele não preencherá a parte do seu coração que foi criada por Deus com o propósito de conhecê-Lo e desfrutá-Lo. Você foi criado para Peniel — para ter um relacionamento face a face com o seu Criador. Fazer parte da família de Deus, ter uma igreja local ou estar em uma família onde Deus é servido e honrado é importante e maravilhoso, mas não é o bastante. Mais cedo ou mais tarde você precisará avançar da casa Dele para a Sua face; de conhecê-Lo como o Deus de outra pessoa para experimentá-Lo como o seu próprio Deus. Só então a promessa da Sua companhia no Céu se tornará o prazer da Sua companhia aqui na Terra.

Não espere nem mais um dia. Encontre o seu Peniel.

Oração

Pai, sou grato porque posso encontrar-me com outros cristãos em um lugar onde aprendemos de Ti como Salvador, Mestre e Senhor. Mas quero avançar para o lugar chamado Peniel — o lugar onde nos encontramos face a face.

Jesus, liberta-me da vida de religião, que me mantém estacionado e satisfeito apenas com uma visão parcial e imperfeita de quem Tu és. Escolho me esvaziar da arrogância e da autossuficiência que fazem com que eu não busque a totalidade do Teu coração. Espírito Santo, leva-me mais fundo, quero ter uma revelação maior ao experimentar a Tua presença. Quero conhecer o meu Deus e ser conhecido por Ele.

Não quero jamais que a minha vida cristã seja apenas algo que eu faça. Quero vivê-la, respirá-la, experimentá-la e protegê-la, desfrutando zelosamente o prazer da Tua companhia enquanto converso com o meu Melhor Amigo e meu Pai, face a face. Senhor, faz com que o Teu rosto resplandeça sobre mim hoje.

———————

(Oração extraída de: Gênesis 32:30; 16:13; 1 Coríntios 13:12; Números 6:25; 12:8; Salmos 31:16; 80:3; 119:135; João 15:15; Amós 3:7; Gálatas 4:6; Romanos 8:15)

29

A Conexão

oisés estava morto (ver Josué 1:2). Aquele era um momento bom e ruim ao mesmo tempo, pois ele foi o último de uma geração que teve de morrer antes que a geração seguinte tivesse permissão de parar de perambular pelo deserto e morar em tendas. Sua herança esperava por eles — belas cidades, casas, jardins e muito mais. Depois da morte de Moisés, eles poderiam possuí-la. E, no entanto, Moisés era o grande líder que os havia conduzido com grandes sinais e maravilhas para fora do cativeiro. Ele conhecia Deus de uma maneira que nenhum mortal jamais conhecera. Seu cajado dividiu as águas, transformou rochas em fontes, fez o céu chover pragas e rios se transformarem em sangue. Certa vez, ele passou tanto tempo diante da glória de Deus que sua pele brilhou. Com certeza, aquele não era um homem comum.

Mas ele partiu e seu filho espiritual, Josué, estava prestes a assumir o seu lugar. Ele conduzirá a nação escolhida à Terra Prometida. Tudo isso fora planejado durante mais de quatrocentos anos. Tudo começou com Abraão, a quem Deus escolheu para ajudá-Lo a redimir a humanidade caída. O Messias viria por intermédio da sua descendência. Como forma de gratidão, Deus prometeu dar-lhe uma terra.

Mas Abraão teria de esperar pela terra. O Deus Todo-Poderoso não a tiraria simplesmente dos seus ocupantes atuais e a daria a ele. Em Sua justiça, Ele esperaria até que os pecados dos habitantes chegassem a um nível que justificasse isso (ver Gênesis 15:16).

O tempo havia chegado.

O que deveria ser feito para se preparar para o cumprimento importantíssimo dessa grande promessa aguardada há quatrocentos anos? Quatro séculos é uma longa espera. Com certeza, algo muito especial deveria ser feito durante os três dias seguintes para celebrar e se preparar. Deveriam eles jejuar por três dias? Talvez precisassem orar continuamente enquanto esperavam. Talvez devessem adorar incessantemente durante as setenta e duas horas seguintes. Deveriam eles oferecer centenas ou talvez milhares de sacrifícios? Ou dar uma festa que durasse três dias? Eles provavelmente pensaram: *O que quer que façamos, terá de ser monumental.*

Quando as instruções de Deus vieram, foram duas. A primeira foi comicamente prática. *"Façam as malas"*, disse Ele. *"Passem os próximos dois dias fazendo as malas para poderem atravessar o rio Jordão até a sua Terra Prometida"* (Js 1:11, parafraseado).

Fazer as malas? Sim. Às vezes, queremos algo que é simplesmente profundo, mas Deus sabe que precisamos de algo profundamente simples. Outras vezes, o mais espiritual que podemos fazer é a coisa mais natural e prática. Trabalhar é algo prático e, no entanto, muito espiritual; alimentar pessoas famintas também; cuidar de nossos filhos é prático, exige tempo e é cansativo — no entanto, é uma atividade muito espiritual. Manter a simplicidade, às vezes, é cultivar a espiritualidade. Qualquer movimento exige preparação.

Houve, porém, outra missão importante que foi dada a fim de se prepararem para aquele dia histórico. Ela também seria simples, mas seria uma preparação interna e não externa. E seria profundamente poderosa e importante. *"Qadash"*, Josué lhes disse, *"porque amanhã o Senhor fará maravilhas entre vocês"* (Js 3:5). Qadash é uma palavra hebraica importante que significa "separar-se". Nos contextos bíblicos, geralmente significava "separar-se *para* Deus". Havia outra palavra para separação *de*, que veremos daqui a pouco, mas esta é separar-se *para*. *Qadash* em geral é traduzida usando-se palavras teológicas como *santificar-se* ou *consagrar-se*, mas não permita que elas o confundam. Não complique. O conceito significa simplesmente "separar uma pessoa ou um objeto para Deus".

Separar uma pessoa ou coisa para Deus significa que ela era reservada para Ele. Por exemplo, os móveis e utensílios no templo eram *qadash*-ados para Deus, o que significa que eles não deveriam ser usados para outro propósito. Os israelitas deveriam ser *qadash*-ados para Deus — eles não podiam se entregar à adoração a outros deuses. Sou *qadash*-ado para a minha esposa, separado somente para ela.

Em ocasiões especiais, era solicitado aos israelitas que eles se *qadash* para Deus de uma maneira mais especial. Seria como se eu e Ceci viajássemos por um dia ou dois, talvez até mesmo durante umas férias, para nos separarmos de outras atividades e passarmos um tempo extra de qualidade em uma conexão maior um com o outro. Ocasionalmente, Deus pedia a Israel para eles se *qadash* para Ele desse modo especial.

A chave para entender realmente o coração de Deus no uso do *qadash* é o aspecto "para Ele". Embora tenhamos transformado a consagração e a santificação religiosas em coisas legalistas, elas são, na verdade, conceitos que falam de relacionamento. Um entendimento errado desse fato tem impedido a nossa conexão com Ele. Consagração é para conexão. Assim como os votos nupciais falam de relacionamento, a santificação espiritual também.

O pedido do Senhor a Josué e aos israelitas antes daquela ocasião monumental era simples: *"Acheguem-se a Mim hoje. Vamos celebrar esta nova era celebrando o prazer da companhia um do outro".* Que revigorante!

O interessante é que a palavra do Antigo Testamento para "santo", *qodesh*, vem de *qadash*. Ser santo não significa ser separado *"do* pecado", mas sim *"para Deus".* Que ENORME diferença. Objetos inanimados eram chamados de "santos" na Bíblia, assim como lugares e dias. Obviamente, eles não eram chamados assim porque não pecaram, mas porque estavam sendo separados para Deus. Santidade não é ausência de pecado. Realizar todas as boas obras imagináveis jamais nos tornaria *qodesh* — santos.

Por favor, não me entenda mal. Viver uma vida santa (separada para Deus) sempre resultará em pureza, porque se conectar com Deus nos tornará semelhantes a Ele. A Sua natureza é transferida para nós por meio dessa ligação. *Qadash*, separação para Ele, é a causa; *qodesh*, santidade, é o efeito.

Há outra palavra no Antigo Testamento que tem a ver com separação, mas ela envolve separação *de*. A palavra é *nazir*. Você provavelmente consegue visualizar a palavra nazireu em nazir. Um voto de nazireado era uma promessa de se separar de certas coisas, geralmente temporariamente, como uma demonstração externa de devoção ao Senhor (ver Números 1:2-21). Era uma espécie de jejum.

Entretanto, *nazir* e os votos de nazireado não tornavam uma pessoa santa. Somente *qadash* levava à *qodesh* — santidade. Você consegue perceber a partir dessas palavras e de suas definições o quanto temos entendido essa verdade de modo totalmente avesso? Tipicamente, tentamos nos tornar santos por meio de *nazir* — separação de fazer certas coisas. "Se eu apenas puder deixar de fazer isto ou interromper esta atividade poderei ser santo", dizemos a nós mesmos. Então fazemos um esforço para nos afastarmos daquela atitude pecaminosa. Quando essa abordagem é adotada isoladamente, porém, nenhum poder flui da Sua presença para nós. Se, no entanto, a nossa tentativa de pureza começa com *qadash* — separação para o Senhor — a conexão gera o poder e a força de vontade necessários para vencer o pecado.

Sansão é um bom exemplo de alguém que não entendeu corretamente esse princípio. Ele deveria ser um nazireu por toda a sua vida: separado dos mortos, dos alimentos impuros ou proibidos, do álcool e de cortar os cabelos. Esses sinais, porém, deveriam ser sinais externos do seu relacionamento íntimo com Deus. Sansão obedeceu ao voto externo de nazireado durante parte da sua vida, *nazir*-ando-se *dessas* atividades. Mas a sua condição de nazireu nunca o tornou santo. Por mais que você tente, nunca poderá fazer com que *qodesh* seja resultado de *nazir*, somente de *qadash*.

Infelizmente, nunca houve uma indicação de que Sansão tenha se separado para Deus em algum momento. A busca interna nunca acompanhou o voto externo. Seus cabelos foram separados de uma navalha, mas o seu coração nunca foi separado para o seu Deus. Portanto, nele nasceram o egoísmo, os desejos da carne e as concessões. O envolvimento com Dalila e o corte de seus cabelos ocorreram principalmente porque a conexão entre o seu coração e Deus havia sido cortada. Sem o poder dessa conexão com Deus, Sansão era impotente contra a tentação.

É confortador para mim saber que a força não está na perfeição do meu desempenho externo, mas na conexão interna do meu coração. Prefiro correr em busca de Deus a fugir do pecado. Sempre vou escolher um Deus que deseja mais a mim do que as minhas boas obras.

Aproximar-se de Deus de modo religioso e legalista leva ao orgulho se pensarmos que tivemos êxito, e à desesperança e à condenação se falharmos. Deus odeia o orgulho e também não gosta do desespero, pois sabe que essas coisas levam a um coração enfermo espiritualmente (ver Provérbios 13:12). Ele quer que o nosso coração seja saudável por meio de uma conexão com Ele, a fonte da vida. Há uma enorme diferença entre ter um bom desempenho *para* ser aceito e ter um bom desempenho *por* ter sido aceito. Deus já nos "aceitou" por intermédio do sacrifício de Cristo (ver Efésios 1:6). Conecte-se com Ele, celebre o Seu amor e aceitação, e permita que o poder da Sua pureza flua através de você.

Nunca mais se satisfaça com um relacionamento com Deus fundamentado no desempenho e voltado para obras. O amor do Senhor não está à venda nem pode ser conquistado, mas está disponível para nós. Volte-se para Ele e receba-o.

Depois, como Josué e os israelitas, prepare-se para avançar em direção ao seu futuro glorioso, que é encontrado no prazer da Sua companhia.

Oração

Senhor, ajuda-me a manter o meu Cristianismo realmente simples, descansando na Tua graça e confiando no Teu amor. Impede-me de me esforçar para ser perfeito e de fingir consagração por intermédio de alguns jejuns. Tu pediste apenas que eu me separasse para Ti.

Reconheço que é somente nesse lugar especial de separação e intercâmbio relacional que receberei o poder e a vontade para andar em santidade e consagração, vivendo uma vida verdadeiramente separada. Quero viver uma vida de vitória sobre o pecado e as concessões, mas sozinho sei que ficarei esgotado rapidamente.

Deus, hoje me aproximo humildemente e respondo ao chamado para me qadash para Ti e me afastar das outras coisas. Preciso do poder da pureza que flui da Tua presença, pois ela é a conexão do coração pela qual sou sustentado.

Jesus, que eu seja sempre uma lâmpada ardente e brilhante que reflete a Tua grandeza e glória. Para isso, precisarei que a Tua natureza seja transmitida a mim por meio do tempo que passei separado em Tua companhia.

(Oração extraída de: Josué 3:5; Josué 7:13; Provérbios 13:12; Apocalipse 2:7; Efésios 1:5-6; João 15:1-11; 17:26; Números 1:2-21; João 5:35)

30

O Preço

A esta altura, você talvez já tenha notado que Davi, o grande salmista, o matador de gigantes e o futuro rei de Israel, é um dos meus personagens favoritos da Bíblia. Escrevi bastante a respeito dele neste livro. Jesus devia gostar dele também, afinal, Ele aceitou o título "Filho de Davi".

O sucesso final de Davi, apesar de suas falhas colossais, deveria trazer esperança a todos nós. O *"homem segundo o coração de Deus"* também andou atrás da mulher de outro homem, e o famoso matador de gigantes também causou a morte de um soldado leal — o marido dessa mulher — para encobrir o caso. As coisas não poderiam ficar piores. Mas perdão e purificação são para pecadores e não para pessoas perfeitas, e todos nós nos enquadramos nesse título. Alguém disse certa vez: "As únicas pessoas perfeitas estão no Céu".

Sem dúvida.

Agradeço a Deus por Sua maravilhosa graça. Amo cantar a canção *Amazing Grace* (Maravilhosa Graça) e penso com frequência em seu escritor, John Newton, um ex-mercador de escravos. É difícil imaginar uma atividade mais desprezível que o comércio de escravos. Mas a verdade e a justiça finalmente romperam a névoa do engano e, depois da sua conversão, Newton finalmente se tornaria uma voz significativa a favor da abolição da escravatura. Mais tarde, ele escreveu as famosas palavras:

> Maravilhosa graça, quão doce é o som,
> Que salvou um miserável como eu.
> Um dia estive perdido, mas agora fui achado,
> Estava cego, mas agora, vejo.[35]

Graças a Deus por Sua maravilhosa graça — e pela canção. Na verdade, alguns historiadores acreditam que Newton tirou a melodia de *Maravilhosa Graça* do canto dos escravos a bordo de um de seus navios. Seja verdade ou não, a ironia de que a canção mais cantada do que qualquer outra na história do mundo tenha sido escrita por um ex-mercador de escravos é, como a própria canção, maravilhosa. Mas a música não poderia ter nos levado a tão grandes alturas se o homem não tivesse mergulhado em profundezas tão grandes. E quando tudo foi pesado na balança, a grandeza do seu pecado não era páreo para a grandeza da graça de Deus.

Davi um dia precisaria dessa graça, e a encontraria. Mas quando se tornou rei, ele estava vivendo uma vida santa de paixão e pureza, então decidiu que a sua primeira deliberação seria mudar a arca da aliança para Jerusalém. A presença de Deus habitava sobre a arca e Davi, que amava a Deus, desejava tê-la bem ao lado do palácio para que ele pudesse visitá-la regularmente. Ele também queria que a presença de Deus fosse o ponto central da nação.

Depois de consultar todos os seus oficiais, os comandantes de mil e de cem, Davi disse a toda a assembleia de Israel: "Se vocês estão de acordo e se esta é a vontade do Senhor, o nosso Deus, enviemos uma mensagem a nossos irmãos em todo o território de Israel, e também aos sacerdotes e aos levitas que estão com eles em suas cidades, para virem unir-se a nós. Vamos trazer de volta a arca de nosso Deus, pois não nos importamos com ela durante o reinado de Saul". Toda a assembleia concordou, pois isso pareceu bom a todo o povo.

Então Davi reuniu todos os israelitas, desde o rio Sior, no Egito, até Lebo-Hamate, para trazerem de Quiriate-Jearim a arca de Deus. Davi e todos os israelitas foram a Baalá, que é Quiriate-Jearim, em Judá, para buscar a arca de Deus, o Senhor, que tem o seu trono entre os querubins; a arca sobre a qual o seu nome é invocado. Da casa de Abinadabe levaram a arca de Deus num carroção novo, conduzido por Uzá e Aiô.

1 Crônicas 13:1-7

Essa tarefa foi uma realização e tanto. A versão de Samuel do acontecimento diz que Davi reuniu trinta mil homens de Israel especialmente escolhidos para fazer parte dessa procissão (ver 2 Samuel 6:1). Trinta mil! Ele e o séquito estavam *"cantando e dançando perante o Senhor, ao som de todo tipo de instrumentos de pinho: harpas, liras, tamborins, chocalhos e címbalos"* (v. 5). Deve ter sido glorioso.

Embora Davi estivesse prestes a cometer um grave erro com a arca, vamos dar um crédito a ele. A arca e a presença de Deus eram importantes o bastante para ele a ponto de ele querer que isso fosse algo GRANDE. "Afinal, é de Yahweh, o Deus Todo-Poderoso, que estamos falando", provavelmente foi o seu raciocínio. "Nada é grande demais ou bom demais para Ele. Aliás, façam um carro novo para transportar a arca."

E foi aí que os problemas começaram.

A arca foi transportada em um carro puxado por bois, portanto, o transporte não era estável. Quando eles passaram por um buraco, o carro balançou e pareceu que a arca poderia cair. Um dos condutores, Uzá, tocou-a a fim de firmá-la.

Deus o matou.

Isso é que é estragar a festa! A música e a dança pararam, assim como a procissão. O riso se transformou em tristeza, e a alegria em lamento. Uma celebração transformou-se em um enterro. Davi, sem saber o que fazer, colocou o transporte da arca em compasso de espera, abrigando-a na casa de Obede-Edom por três meses enquanto ele pesquisava o que fazer em seguida.

O problema, Davi finalmente descobriu, era a forma de transporte — o carro novo. A arca não deveria ser transportada desse modo, mas sim carregada por varas passadas pelos anéis que ficavam nas laterais da arca. Assim ela estaria segura e não teria de ser tocada.

E, embora o processo fosse muito mais difícil, os sacerdotes deveriam carregar a arca em seus ombros. Todo o processo estava claramente detalhado no livro de Números, no capítulo 4.

Ficamos imaginando qual era a motivação por trás do fato de Davi ter usado um carro. Creio que muito provavelmente tudo se reduziu à conveniência. Carregar a arca nos ombros por 16 quilômetros seria um trabalho árduo. Cascalhos, músculos doloridos, ombros irritados, bolhas nos pés — tudo isso seria o doloroso resultado. Os longos e difíceis quilômetros montanhas acima e abaixo, através de ribeiros, no calor — ora, "vamos deixar que os bois façam o trabalho". Davi aprendeu da maneira mais difícil que, ao contrário da preferência humana, a ignorância *não é* uma bênção, quanto mais simples *nem sempre* é melhor, e *não é* apenas a intenção que vale.

As três expressões idiomáticas de onde tirei essas afirmações podem ser brilhantes, mas com frequência elas simplesmente não são verdadeiras. Na verdade, elas podem ser fatais. Davi e seus seguidores descobriram que não é apenas a intenção que vale. A obediência importa. E eles aprenderam que experimentar a presença e a glória do Senhor não seria fácil ou conveniente. Como o meu amigo Damon Thompson disse recentemente: "Se a intenção do Cristianismo fosse ser conveniente, ele não teria sido construído sobre cruzes e mártires". Não tropeçamos na presença e na glória de Deus por acaso, e elas não são encontradas por aquele que busca de forma casual. Elas são descobertas quando são perseguidas, com paixão e de maneira deliberada.

Em *Primeiro o Mais Importante*, A. Roger Merrill conta sobre um consultor de empresas que estava se mudando para uma casa nova.

> Ele decidiu contratar uma amiga para desenvolver um projeto paisagístico para a propriedade. Ela tinha doutorado em horticultura e era extremamente capaz e criativa.
>
> ...Como [o consultor de empresas] era bastante ocupado e viajava muito, insistiu com ela na necessidade de criar o jardim de modo a eliminar ou reduzir o máximo possível o trabalho de manutenção. Salientou a necessidade imperiosa de esguichos automáticos e outros aparelhos no gênero, capazes de poupar-lhe trabalho...
>
> Finalmente ela parou e disse: "...Você precisa colocar uma coisa na sua cabeça: se não houver jardineiro, não haverá jardim!"[36]

Se não houver ombros cansados não haverá arca.

O nosso mundo ficou obcecado pela conveniência. Seja a nossa comida, seja as nossas viagens, nossa comunicação ou nossos jardins, estamos decididos a viver o estilo de vida do tipo "carro novo". Essa tendência finalmente chegou à Igreja. Oferecemos muitos horários, estilos e locais convenientes. Por estarmos tão ocupados, oferecemos até mesmo versões condensadas e abreviadas de culto. Algumas congregações agora são tão eficientemente convenientes que podem oferecer a você uma conexão semanal com Deus em quarenta e cinco minutos, menos tempo do que você leva para assistir ao seu programa favorito de televisão: quinze minutos de adoração, quinze minutos de anúncios e comunhão, e uma mensagem de quinze minutos.

Mas espere, ainda tem mais. Se isso não funcionar para você, você pode ficar em casa e assistir ao culto on-line. "E por falar nisso, prometemos não mencionar nada que possa trazer convicção ou entristecer você. Não vamos falar de pecado nem chorar pelos perdidos, muito menos mencionar injustiças sociais e morais como o aborto ou o tráfico humano. Nós nos esforçamos para tornar tudo fácil, rápido e agradável." Estou esperando o dia em que serão vendidas "indulgências" para os frequentadores: "Jogue vinte reais a mais este domingo na caixa de ofertas e fique em casa com a nossa bênção na semana que vem".

Não creio que a nossa versão do Cristianismo do tipo "carro novo" honre a Deus ou seja bíblica. O prazer da Sua companhia está disponível imediatamente, mas não é barato. Ele lhe custará o seu tempo e esforço. Deus quer intimidade conosco, mas Ele não é uma conquista fácil. Ele espera casamento e aliança, e não uma aventura de uma noite apenas. Mas eu lhe garanto, Ele vale muito mais do que o preço a ser pago.

Davi e seus líderes decidiram tentar de novo — da maneira inconveniente. "Vamos carregá-Lo nós mesmos, sobre os nossos ombros e próximo aos nossos corações. Será um trabalho árduo e levará o dia inteiro, mas ter a Sua presença e glória por perto valerá a pena."

> *E disseram ao rei Davi: "O Senhor tem abençoado a família de Obede-Edom e tudo o que ele possui, por causa da arca de Deus". Então Davi, com grande festa, foi à casa de Obede-Edom e ordenou que levassem a arca de Deus para a Cidade de Davi. Quando os que carregavam a arca do Senhor davam seis passos, ele sacrificava um boi e um novilho gordo. Davi, vestindo o colete sacerdotal de linho, foi dançando com todas as suas forças perante o Senhor, enquanto ele e todos os israelitas levavam a arca do Senhor ao som de gritos de alegria e de trombetas.*
>
> 2 Samuel 6:12-15

No relato desse fato que aparece no livro de Crônicas, a Bíblia nos diz que *"Deus havia poupado os levitas que carregavam a arca da aliança do Senhor"* (1 Cr 15:26). Isso não é animador e típico do coração de Deus? Quando nós O honramos buscando a Sua presença da maneira apropriada, Ele torna mais fácil encontrá-Lo. O nosso Pai *deseja* a nossa companhia.

Para Davi, finalmente aconteceu. O "viciado" na presença de Deus teria acesso desimpedido ao Senhor e à Sua glória. Ele colocou a arca em uma tenda, chamada simplesmente de "a tenda [ou tabernáculo] de Davi", e a encheu com adoração 24 horas por dias, 7 dias por semana. A História nos conta que o próprio Davi passava horas a fio demorando-se no local. A inconveniência do processo havia sido recompensada com o prazer da Sua presença. A busca venceu.

Essa pode ser a sua história também. Enquanto estamos neste mundo, o nosso coração é a tenda. Por mais insondável que possa parecer, somos agora o Santo dos Santos. Sua presença está sempre conosco e em nós. Seja você o carro — é o que Ele realmente quer. Leve-O para onde quer que você vá.

Estenda as mãos para Ele e Ele estenderá as mãos para você. Faça de Cristo a sua maravilhosa obsessão, faça de Yahweh o seu Pai e do Espírito Santo o seu companheiro de todos os dias. Nunca mais se contente em viver abaixo do padrão, sem *o prazer da Sua companhia.*

Oração

Pai, Tu és digno do mais alto louvor, da mais extravagante adoração e dos mais altos anseios do meu amor. Jesus, não há nada que eu possa Te dar ou dizer que se compare ao grande sacrifício que fizeste. Tu pagaste o preço total para que pudéssemos ter salvação, mas para banhar-nos livremente na Tua glória ainda há um preço a ser pago.

Como posso trazer-Te uma oferta que não me custe nada? Pai, eu me arrependo por fazer isto — por tentar ter acesso às bênçãos mais excelentes enquanto tento limitar-Te pelo que é fácil ou conveniente. Confesso ter desobedecido quando Tu me chamaste a dar mais — muitas vezes permaneci sendo alguém que Te busca de forma casual.

Mais que o mero sacrifício dos meus lábios, o sacrifício da minha vida é exigido para que eu possa me tornar uma arca da Tua glória e da Tua presença. Hoje, proponho em meu coração dedicar o meu tempo e esforço a alimentar uma busca intencional e apaixonada. Jesus, Tu és digno de tudo isso.

Recuso-me a viver sem experimentar o grande prazer da Tua companhia, as profundezas da Tua compaixão e o poder da Tua ressurreição. Jesus, vem ser a minha maravilhosa obsessão.

(Oração extraída de: 2 Samuel 6; 2 Samuel 24:24; Malaquias 1:13-14; Romanos 12:1; 1 Pedro 2:5; 1 Crônicas 15:26; Lucas 15:8; Provérbios 8:17; Hebreus 11:6)

Notas

Capítulo 1: A Pessoa

1. N. do T.: Os programas *NCIS, Caçadores de Relíquias e Mergulhados no Pântano* são séries produzidas pela TV norte-americana, transmitidas atualmente no Brasil pelos canais a cabo.

2. Neil McAleer, *The Mind-Boggling Universe* (Garden City, NY: Doubleday & Company, 1987), n.p.

Capítulo 4: A Dança

3. Adaptado de Mark Littleton, *Escaping the Time Crunch* (Chicago: Moody Publishers, 1990), 238. Uso mediante permissão.

Capítulo 5: A Busca

4. Dutch Sheets, *Watchman Prayer* (Ventura, CA: Regal, 2000), 47.

Capítulo 7: A Decisão

5. Spiros Zodhiates, *Hebrew-Greek Key Word Study Bible: New American Standard* (Chattanooga, TN: AMG, 1990), 1729.

6. Adaptado de Alice Collins, "All Those Years", in *Chicken Soup for the Mother's Soul*, ed. Jack Canfield, Mark Victor Hansen, Jennifer Read Hawthorne e Marci Shimoff (Deerfield Beach, FL: Health Communications, Inc., 1997), 20.

Capítulo 8: As Distrações

7. Jan Senn, "Carol Kent on Keeping Confident", *Today's Christian Woman*, Janeiro/Fevereiro de 1995, 68.

8. *The Consolidated Webster Encyclopedic Dictionary* (Chicago: Consolidated Book Publishers, 1954), s.vv. "disturb", "perturb", "turbulent".

9. Philip Yancey, "What Surprised Jesus", *Christianity Today*, 12 de setembro, 1994, 88. Uso mediante permissão.

Capítulo 11: O Mal-acostumado

10. Embora eu acreditasse fortemente no dom dessa pessoa, também sabia que ninguém ouve do Senhor perfeitamente. É por isso que nos é dito para julgar profecia (ver 1 Coríntios 14:29; 1 Tessalonicenses 5:19-21).

Capítulo 15: A Amizade

11. Adaptado de Dutch Sheets, *Dream* (Minneapolis: Bethany House, 2012), 101-106.

12. Haddon Robinson, "The Disciple's Prayer", *Preaching Today* n. 117, citado em Greg Herrick, "Knowing God and Prayer", https://bible.org/book/export/html/6336.

Capítulo 16: A Aproximação

13. Folclore africano, conforme contado por Dan Montano em "Lions or Gazelles?", *The Economist*, 6 de julho, 1985, 37.

Capítulo 17: Os Que Não se Distraem

14. Tim Crothers, "The Face", *Sports Illustrated*, 9 de janeiro, 1995, http://sportsillustrated.cnn.com/vault/article/magazine/MAG1006151/2/index.htm.

15. Edward K. Rowell, *Fresh Illustrations for Preaching and Teaching* (Grand Rapids: Baker Books, 1997), 93.

Capítulo 18: O Namoro

16. Gordon Dahl, *Work, Play, and Worship in a Leisure-Oriented Society* (Minneapolis: Augsburg, 1972), 12.

17. Bil Keane, *The Family Circus*, King Features Syndicate comic strip, 22 de novembro, 1991.

18. Essa discussão sobre receber a revelação de Deus pessoalmente é adaptada de Dutch Sheets, *The River of God* (Ventura, CA: Regal, 2000), 192-194. Uso mediante permissão.

19. Bob Greene, *Good Morning, Merry Sunshine* (New York: Penguin, 1985), 251.

Capítulo 19: O Ouvinte

20. T. H. White, *The Book of Merlyn* (Austin: University of Texas Press, 1977), ix-x.

Capítulo 20: Os Que se Demoram na Presença

21. Charles R. Swindoll, *Man to Man* (Grand Rapids: Zondervan, 1996), 272.

Capítulo 21: A Visita

22. Esta introdução ao capítulo foi publicada originalmente em Dutch Sheets, *Oração Intercessória* (Rio de Janeiro: Edilan, 2012), 149. Usado mediante permissão.

Capítulo 22: O Pródigo

23. Adaptado de S. D. Gordon, *What Will It Take to Change the World* (Grand Rapids: Baker, 1979), 17-21.

24. James Rowe, "Love Lifted Me", 1912 (letra de domínio público).

25. David C. Cooper, *Faith Under Fire* (Cleveland, TN: Pathway Press, 2001), 187.

Capítulo 23: O Retorno

26. Bill Watterson, *Calvin and Hobbes*, Universal Press Syndicate comic strip, January 14, 1987.

27. William Cowper, "There Is a Fountain Filled With Blood", 1772 (letra de domínio público).

Capítulo 26: O Altar

28. A introdução deste capítulo apareceu originalmente em Dutch Sheets, *The River of God* (Ventura, CA: Regal, 1998), 177-188. Uso mediante permissão.

29. Adaptado de D. T. Forsythe, citado em Roy B. Zuck, *The Speaker's Quote Book* (Grand Rapids: Kregel, 2009), 124.

30. George Bennard, "The Old Rugged Cross", 1912 (letra de domínio público). N. do T: Em português, o hino é conhecido como "Rude Cruz" ou "A Mensagem da Cruz" e faz parte dos hinários Harpa Cristã e Salmos e Hinos.

Capítulo 27: A Vantagem

31. Jack W. Hayford, *The Power and Blessing: Celebrating the Disciplines of Spirit-Filled Living* (Colorado Springs: Victor Books, 1994), 21, citado em Robert Heidler, *Experiencing the Spirit* (Ventura, CA: Renew Books, 1998), 34.

32. Bill Bright, *The Holy Spirit* (San Bernardino, CA: Here's Life Publishers, 1980), 116, 121, citado em Robert Heidler, *Experiencing the Spirit* (Ventura, CA: Renew Books, 1998), 35.

33. Craig Brian Larson, *Illustrations for Preaching and Teaching* (Grand Rapids: Baker Books, 1993), 182.

Capítulo 28: A Face

34. Adaptado de Dutch Sheets, *Dream* (Minneapolis: Bethany House, 2012), 146-148.

Capítulo 30: O Preço

35. John Newton, "Amazing Grace", 1779 (letra de domínio público). A tradução em português é "Maravilhosa Graça" (N. do T.)

36. Stephen R. Covey, A. Roger Merrill, Rebecca R. Merrill, *Primeiro O Mais Importante* (Rio de Janeiro, 2008).

Dutch Sheets é um autor, professor e conferencista reconhecido internacionalmente, que tem incentivado os crentes a viverem uma vida poderosa de oração, avivamento e transformação social. Ele escreveu vinte livros, muitos dos quais foram traduzidos em mais de trinta idiomas, inclusive o best-seller *Oração Intercessória*. Ele é diretor executivo do Instituto Cristo para as Nações. Tanto Dutch quanto sua esposa Ceci são formados pelo ICPN. Eles estão casados há 35 anos e têm duas filhas adultas, um genro maravilhoso e um neto incrível. Eles moram em Dallas, nos Estados Unidos.

Saiba mais em www.dutchsheets.org.

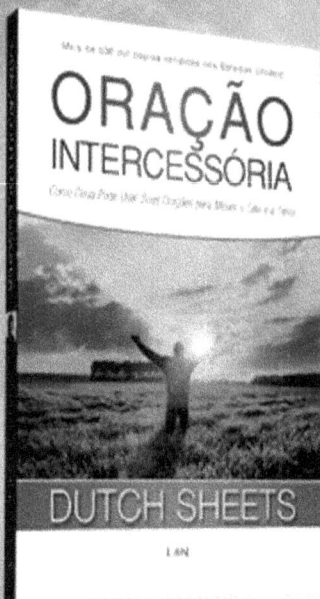

Oração Intercessória

O pastor e mestre Dutch Sheets explica todos os detalhes relacionadas à oração com sabedoria, gentileza e humor. Este livro irá inspirar você, lhe dará a coragem para orar pelo "impossível" e o ajudará a persistir até o fim, até suas orações serem concluídas. Descubra seu papel como guerreiro de oração: fazer a diferença entre o Céu e o inferno na vida de alguém que você conhece!

O Poder Da Oração Intercessória

O que é a oração intercessória? Como uma pessoa se torna um intercessor? Quando você não sabe por onde começar, comece com o básico! Em O Poder da Oração Intercessória você aprenderá a encontrar sua motivação para a oração na força do amor, ao experimentar em primeiro lugar, um relacionamento duradouro com Deus como seu Pai e amigo.

www.ingramcontent.com/pod-product-compliance
Lightning Source LLC
Chambersburg PA
CBHW031831090426
42741CB00005B/209